Félix Azara

Diario de la navegación y reconocimiento del río Tebicuary

Barcelona 2024
Linkgua-ediciones.com

Créditos

Título original: Diario de la navegación y reconocimiento del río Tebicuary.

© 2024, Red ediciones S.L.

e-mail: info@red-ediciones.com

Diseño de la colección: Michel Mallard.

ISBN rústica ilustrada: 978-84-9007-346-9.
ISBN tapa dura: 978-84-1126-719-9.
ISBN ebook: 978-84-9897-690-8.

Sumario

Brevísima presentación

La vida

Félix de Azara, 18 de mayo de 1742 (Barbuñales, Huesca)-1821. (España.)

Fue militar, ingeniero, explorador, cartógrafo, antropólogo y naturalista.

Estudió en la Universidad de Huesca y en la Academia militar de Barcelona dónde se graduó en 1764. Sirvió en el regimiento de infantería de Galicia y obtuvo el grado de lugarteniente en 1775. Siendo herido en la guerra de Argel, sobrevivió de milagro.

Asimismo rechazó en 1815 la Orden de Isabel la Católica en protesta por los ideales absolutistas imperantes en España.

Mediante el tratado de San Ildefonso (1777), España y Portugal fijaron los límites de sus dominios en América del Sur y Azara fue elegido como uno de los cartógrafos encargados de delimitar con precisión las fronteras. Marchó a Sudamérica en 1781 para una misión de algunos meses y vivió allí veinte años.

Al principio se estableció en Asunción,

Paraguay, para realizar los preparativos necesarios y esperar al comisario portugués. Sin embargo, pronto se interesó por la fauna local y comenzó a estudiarla acumulando el extenso archivo que más tarde conformó los cimientos de su obra científica.

Cabe añadir, además, que colaboró con José Artigas en el establecimiento de pueblos en las fronteras entre la Banda Oriental (actual Uruguay) y el Imperio del Brasil.

Azara murió en España en octubre de 1821, víctima de una pulmonía; fue también conocida su amistad con Goya, quien pintó un retrato suyo.

Discurso preliminar a la Descripción del Tebicuary

Tres siglos de negociaciones y tratados no bastaron a poner de acuerdo las Cortes de Madrid y Lisboa sobre el deslinde de sus colonias, y estas cuestiones, que habían empezado con su dominación en América, no terminaron con su decadencia. Cada paso que daban, aumentaba las dudas y hacía más difícil su resolución; porque carecían de un conocimiento exacto de las localidades, ni podían adquirirlo por falta de documentos.

Después de haber conferenciado en Tordesillas, en Badajoz, en Lisboa, en Utrecht, sin poder llegar a un avenimiento, y dejando en toda su oscuridad el espíritu de las concesiones hechas por Alejandro VI en su famosa bula de 1593, volvieron las dos potencias a negociar en Madrid y en San Ildefonso, por los años 1750 y 1777. La causa que había paralizado el primero de estos tratados, había desaparecido con la expulsión de los Jesuitas, y todo anunciaba una fácil y pronta ejecución del segundo.

La Corte de Madrid, que había acreditado siempre celo y lealtad en el cumplimiento de sus promesas, nombró comisarios para que, de acuerdo con los portugueses, trazasen la nueva línea divisoria; y se apresuró a dar todas las instrucciones que creyó necesarias para dejar cumplidas las últimas estipulaciones.

Estos trabajos geodésicos, que abrazaban un espacio inmenso, desde los parajes inmediatos al Río de la Plata hasta las bocas de las Amazonas, rodeando en todo su ámbito la frontera interior del Brasil, fueron confiados a varias comisiones, que se procuró formar de oficiales activos e inteligentes. Uno de ellos fue el señor de Azara, perteneciente a una familia establecida en Barbuñales, pequeña aldea de

Aragón, en el partido de Barbastro, que adquirió de repente un gran renombre, por haber producido dos individuos del mismo apellido, que se ilustraron por su instrucción y servicios.

El menor de ellos, don Félix, nacido en 1746, pasó de la universidad de Huesca, donde empezó sus estudios, a la academia militar de Barcelona, para continuar los de la profesión a que lo destinaron sus padres. A los dieciocho años recibió su primer despacho de cadete en un regimiento de infantería, donde probablemente se hubiera embotado su genio, si no hubiese buscado un teatro más digno de él en los cuerpos facultativos del ejército; y de él de ingenieros, en que hizo la campaña de África, se incorporó al de marina, para tomar parte en la demarcación de límites en América.

Obstáculos que no estaba en sus manos remover, frustraron este plan, y le quitaron la gloria de haber contribuido a realizarlo. Tenemos en nuestro poder el borrador autógrafo de la correspondencia oficial de Azara con virrey Arredondo, en que le propone de hacer retirar la partida demarcadora de Curuguatí (que era el punto en que debían reunirse los comisarios) para no ocasionar gastos inútiles al erario. Cansado de aguardar la contestación del virrey, tomó sobre si el retirarse a la Asunción —tal era su convencimiento de disposición de los portugueses a cumplir lo pactado.

Aun cuando hubiesen concurrido, advirtió Azara la imposibilidad de trazar la línea, por el modo confuso e ininteligible en que estaba redactado el tratado; sobre todo el artículo 9, en que se designaban como puntos directores los ríos Igurei y Corrientes, que no se encontraban en el terreno. Azara previó desde luego que no se necesitaba más para entorpecer las operaciones; y en 13 de abril de 1791, escribió al virrey: «si el comisario portugués no quiere admitir al Jaguarey ni el Igatimí (que eran los ríos que él proponía se substituyeran al Igurei), no será dable tratar de demarcación; porque, no habiendo ríos que literalmente tengan los nombres de Igurei y Corrientes, sería en vano buscarlos, e imposible empezar y seguir».

Por más extraños que aparezcan ahora estos defectos en un acto de tanta importancia, no es el único ejemplo de la ignorancia de los gobiernos europeos en la geografía e historia de sus colonias. En la contestación del marqués de Grimaldi a la Memoria que, en enero de 1776, le pasó el Ministro de Portugal, don Francisco Ignacio de Sousa Coutiño sobre los límites de la Banda Oriental del Río de la Plata, se dice entre otras cosas, que «el veneciano Sebastiano Gaboto, que servía a los Reyes Católicos, don Fernando y doña Isabel, de orden de aquellos príncipes, hizo antes que nadie el descubrimiento del Río de la Plata, por los años de 1496»; «que de esta noticia, que dio a su regreso a España, resultó salieran Juan Díaz de Solís y Pinzón a proseguir aquel descubrimiento». Y hablando poco después del viaje de Cabeza de Vaca, añade, que «al llegar a la isla de Santa Catalina, formó el proyecto de venir a Buenos Aires por tierra, con cuyo objeto, abriéndose el camino al través de la provincia de Vera, y cortando en canoas la corriente del Río de la Plata; pasó a la banda austral a ejercer su gobierno de Buenos Aires».

Todas estas indicaciones son falsas. Gaboto entró al servicio de España en 1518, cuando ya reinaba Carlos V, y su primer viaje a los mares australes se efectuó a principios de abril de 1526 —mucho tiempo después que su primer descubridor Solís navegase el Río de la Plata: lo que sucedió en 1515, según consta de los documentos auténticos publicados por el señor Navarrete, en su Colección de los viajes y descubrimientos de los españoles—. Por lo que toca a Cabeza de Vaca, no podía ocurrírsele pasar a Buenos Aires, porque entonces no existía: lo único que se propuso fue llegar a la ciudad de la Asunción por el Guayra, lo que efectuó realmente. Hemos escogido este ejemplo, porque la Memoria de Grimaldi ha sido mirada siempre como el documento más clásico, producido en esta interminable cuestión de límites.

La incuria de la Corte de Madrid en adquirir nociones exactas de la topografía de sus estados, debe tenerse por una de las causas que más eficazmente han influido en las usurpaciones de la corona de Portugal. Los reconocimientos de las comisiones de límites, creadas en virtud del tratado de 1777, que hubieran podido derramar una gran luz sobre estas materias, fueron relegados al olvido; y a no haber sido por la insistencia de un amigo de Azara, que se empeñó en publicar sus obras, se hubiera borrado hasta el recuerdo de sus trabajos, que fueron muchos e importantes, porque, al desempeño de sus funciones, agregó el estudio de la estadística y zoología del país; en cuyas útiles investigaciones no solo no fue auxiliado por las autoridades locales, sino que las halló dispuestas a estorbarle. ¡¡¡Se llegó hasta el punto de negarle el acceso a los archivos, y de amenazar a los indios que le traían los despojos de los animales que podían completar sus colecciones!!!

Estas intrigas miserables le hicieron solicitar volver a Europa; lo que no pudo conseguir sino al cabo de muchos años. Vino a Buenos Aires, donde se le ocupó en reconocer los campos del sur para colonizarlos, y los puertos del Río de la Plata para proyectar un sistema de defensa contra los ataques de las potencias extranjeras. Se esforzó también en demostrar la conveniencia de fundar poblaciones en la frontera del Brasil, aprovechando la llegada de las familias que se enviaban de España para establecerlas en la costa patagónica. La adopción de este plan dio existencia al pueblo de San Gabriel de Batoví, en las cabeceras del Ybicuí, y descargó al erario del peso de cerca de 50.000 duros al año. El marqués de Avilés, al dejar el mando del virreinato de Buenos Aires, representó al rey estos servicios, que le recordaron el nombre y el mérito de Azara. Se le llamó entonces a España, donde llegó a principios de 1802.

El deseo de abrazar a su hermano don Nicolás, que se hallaba a la sazón de embajador en París, le hizo atravesar los Pirineos, que volvió a transitar poco después con el dolor de haberle visto desaparecer para siempre. Esta pérdida, dolorosísima para él, le hundió en una profunda tristeza, que no fueron capaz a atemperar los infinitos testimonios de aprecio que le prodigaron el rey y el público. Descendió al sepulcro, poco después de haber sido ascendido al grado de general, y cuando la Europa aplaudía a la publicación de sus obras.

Algunas quedaron inéditas en manos de sus amigos: entre ellas, el Diario de la navegación del río Tebicuary, cuyo manuscrito autógrafo nos ha sido comunicado, con suma generosidad, por la señora doña Bárbara Barquín, viuda de don Pedro Cerviño, compañero y colaborador de Azara en estas expediciones. Este diario es un comprobante del esmero con que el autor procedía en sus reconocimientos, y asimismo una pauta de los trabajos que le costó la adquisición de tantos datos nuevos o poco comunes, para emprender la descripción de estas provincias.

Sean cuales fueren los defectos que se noten en sus producciones, sería una injusticia rehusarle el mérito de haberlas preparado en medio de tantos motivos de desaliento y disgusto.

Buenos Aires, junio de 1836.
Pedro de Angelis

Diario de Azara

Año de 1785

Día 19. Habiendo amanecido el tiempo bueno, salimos de la Asunción a las 6 y media de la mañana, llevando un soldado de la partida, un capataz y tres peones para el cuidado de treinta y dos caballos y ocho mulas que se graduaron necesarios para llegar a Villa Rica o Caazapá. A las 10 horas 45 minutos, llegamos al valle de Itaguá, habiendo caminado 7 leguas y media por caminos muy tortuosos, algunos pedazos con mucha arena suelta rojiza, y otros con no tanta. A las 4 leguas poco más, pasamos el arroyo que llaman Batura, que tiene su origen en el pago de Tayazuapé, y se forma de unos bañados, juntándose a muy poca distancia, de donde lo pasamos con el arroyo de las Salinas, que igualmente cortamos después. Así este como aquel son arroyos de poca consideración; el último tiene su origen de unos bañados formados de las aguas que filtran algunas colinas que le rodean, y desagua en la laguna Ipacaray: los dos se nadan cuando llueve mucho.

Todo el camino es por tierras no muy llanas y pobladas de árboles, a excepción de algunos valles que no los tienen, sino a manchones: todo poblado de chacras, cuyas casas no son más que ranchos de paja, y solo tal cual se ve de teja.

El valle de Itaguá es pequeño y bien poblado, a proporción de su corta extensión. No puedo decir a qué número asciende su vecindario, porque no hubo quien me diera esta noticia, y solo pude saber que los frutos que cosechan son la mandioca, tabaco, maní, alguna caña de azúcar, maíz y porotos, únicamente para mantenerse, pues solo tabaco cogen para vender.

Luego que llegamos, rectificamos el instrumento, y después de haber compuesto de una pequeña dislocación el espejo semiazogado, hallamos el cero en los 300° 46 minutos 37 segundos Sur. Hacía mucho viento, y sin embargo observamos 51° 49 minutos 48 segundos 75 de altura meridiana del Sol, que dieron de latitud 25° 22 minutos 7 segundos 45; hecha la operación con concepto a la atmósfera que estaba bastante cargada.

Demarcamos a juicio prudente, porque no se veían los puntos siguientes: el pueblo del Itá al Sur 37° 30 minutos Este, distancia, 2 leguas; la capilla de Capiatá al Norte 31° 0, la misma distancia; la capilla de Luque al Norte 31° 0, distancia, 4 leguas; la de San Lorenzo al Norte 82, 0, distancia como la anterior.

Salimos de la capilla de Itaguá a las 3 horas 31 minutos de la tarde, y a las 5 horas 48 minutos llegamos a una chacra en el valle de Pirayú, en donde hicimos noche, habiendo caminado 3 leguas y media por terrenos como los de por la mañana: algunos trechos montuosos, y otros atravesando valles poblados de chacras a una y otra banda, arena rojiza lo más, y en partes tierra del mismo color, y arena blanca algo suelta en otros.

El valle de Pirayú tiene sobre 7 leguas de largo; es formado por dos cordilleras de poca altura, que la una dista de la otra en algunos parajes una legua y más: es de una vista agradable y deliciosa, muy poblado de chacras, en donde se cosechan los mismos frutos que en Itaguá. Por su medianía corre a lo largo el arroyo que llaman Pirayú, que tiene sus vertientes en el extremo del sur, cerca del cerro de Paraguari, y desagua en la laguna Ipacaray, que tiene como 3 leguas de largo, y una y media de ancho, y sirve de término a dicho valle por la parte del norte.

Día 20. A las 5 horas 5 minutos de la mañana montamos a caballo, y a las 5 horas 30 minutos cortamos el arroyo de Pirayú, de que se ha hecho mención. A las 6 horas 30 minutos llegamos a la falda de la cordillera, habiendo encontrado algunas lagunitas, conceptuando haber andado 1 y tres cuartos de legua: subimos la cordillera que la forman pequeños cerros, de que resulta no ser muy áspera. A las 8 horas 46 minutos, pasamos la capilla de la Cruz de los Milagros, que está situada en la cumbre de un pequeño cerro a la izquierda del camino: a las 9 pasamos el arroyo Piribebuy; a las 9 horas 20 minutos lo volvimos a pasar, y a las 9 horas 43 minutos llegamos a la Capilla.

Desde que salimos del valle de Pirayú, siempre caminamos por entre cerrezuelos, que forman valles de muy poca extensión, poblados de chacaritas, en donde cosechan los mismos frutos que en Pirayú, inclinándose más estas gentes al costoso beneficio de la hierba. Desde la cumbre de la cordillera hasta Piribebuy anduvimos 4 leguas y cuarto por camino tortuoso, bastantes lagunitas; el terreno arena, así como el del valle de Pirayú.

Luego que llegamos, rectificamos el instrumento, y se halló el cero en los 300° 39 minutos 45 segundos, y tomada la altura meridiana del Sol, que fue de 52° 4 minutos 45 segundos, se calculó la latitud de 25° 27 17 segundos 7, atmósfera cargada.

Desde la capilla hicimos las demarcaciones siguientes: Pirayú al sur 78 Oeste; distancia, 6 leguas. Paraguari al sur 30° Oeste; distancia la misma. Distancia al pueblo de Tobaty, 7 leguas; a la capilla de Nuestra Señora de los Milagros, 3 y media leguas; todo a buen juicio. La que estimamos a la capilla de Pirayú es de 7 leguas escasas; advirtiendo que por otro camino solo dicen que hay 3 y media leguas, pero tiene en su contra el ser muy fragoso.

La feligresía de Piribebuy, según nos informó su cura, tiene una jurisdicción que comprende 10 leguas de largo, en las cuales hay algunas viceparroquias, para que no falte la administración del pasto espiritual a 800 familias que componen como 6.000 almas, que están avecindadas en aquellos campos.

La iglesia es bastante grande, y su situación no es mala, en medio de una plaza, formada por cuatro cuadras de ranchos de paja.

A las 3 horas 46 minutos, salimos de Piribebuy (habiendo merecido particular obsequio al cura, en cuya casa nos hospedamos), y luego pasamos el arroyo de Piribebuy con agua a la rodilla del caballo; y a tres cuartos de legua, cortamos el Yaguayminí con la misma agua, habiéndonos dirigido por un camino bastante derecho, pero de tierras dobladas. A las 4 horas 48 minutos, considerando haber andado 2 leguas, demarcamos el lugar de la salida al norte 47° Oeste, único punto que pudimos ver, sin embargo del buen deseo que teníamos de hacer lo mismo con la serranía de Villa Rica, Capilla de Valenzuela y Paraguari, que ni a buen juicio pudimos demarcar, porque ninguno de los que nos acompañaban pudieron darnos las noticias que para ello se requerían. Continuamos el camino al sur 47° Este, siempre por terrenos muy desiguales; en algunos parajes arena rojiza algo suelta, y en otros greda del mismo color: en las cumbres de las lomas más elevadas vimos bastantes árboles, aunque en otros no los hay. Pasamos algunos pantanos y lagunas, solo una en que llegaba el agua al encuentro del caballo; las demás no tenían tanta. A las 5 horas 9 minutos, que considerábamos andadas 2 leguas y tres cuartos, pasamos el arroyo Yaguayguazú, que corre al este como el Miní, y se junta como a 2 leguas, de donde cortamos el último, y unidos van al Tobatiry, que tributa sus aguas al río Paraguay, en el paraje llamado Manduvira: cuando llueve recogen mucha agua, y es necesario pasarlos a nado. Llegamos por fin a la casa de don Antonio Valenzuela, a las 7 horas 50 minutos, conceptuando haber andado 6 leguas y cuarto, por caminos poco tortuosos. Aquí nos quedamos a dormir para oír misa el siguiente día domingo, atendiendo a que de ello, lejos de resultar atraso, nos era más conveniente, pasar de mañana lo más áspero de la cordillera.

Hasta las 12 y tres cuartos de la noche, estuvimos con el circular en las manos dispuesto, con la esperanza de poder observar la altura meridiana de la Luna; pero viendo que el anteojo hacía sombra a causa que el astro pasaba muy inmediato al cenit, fue forzoso dejarlo, aunque con bastante sentimiento.

Por las noticias que nos dieron, demarcamos a buen juicio los puntos siguientes:

Piribebuy al norte 63° Oeste.
Paraguari al sur 85° Oeste, distancia 9 leguas.
La estancia de Yaguarón al sur 36° Este.
La medianía de la sierra de Villa Rica al sur 77° Este.

La casa de don Antonio Valenzuela tiene en su inmediación una iglesia de tres naves, formadas por horcones o postes, y una buena torre de madera, fabricada a costa del mismo Valenzuela, y situada en una loma de vista agradable. Sin duda es una de las mejores de la Provincia: tiene 52 varas de largo, y 22 de ancho; sus retablos que son tres, no dejan de ser regulares aunque de poco gusto, pero sí bien dorados. Está regularmente proveída de buenos ornamentos: en ella se administra el pasto espiritual a mucho vecindario que vive esparcido en las lomas y valles inmediatos.

Día 21. A las 8 horas y 31 minutos de la mañana, después de haber oído misa, salimos, y en una loma distante de dicha casa como 1.000 varas, y al sur de ella, demarcamos el cerro de Ybitiminí al sur 26° Este. Continuamos caminando al mismo rumbo por terrenos muy quebrados: a las 9 y 12 minutos, pasamos con fatalidad el arroyo Yacanguazú, cuyas orillas están pobladas de árboles y manifiesta traer mucha agua en tiempo de lluvias. Su nacimiento, según nos informaron, está una legua al este del Paraguari, y sigue al este sudeste hasta entrar en el Tebicuary-miní, como 2 leguas más arriba de Itapé, más caudaloso por varios arroyuelos que se le juntan de diferentes cañadas de la cordillera. A las 9 horas y 36 minutos pasamos uno de ellos, y pudimos inferir sigue su curso al nordeste. A las 9 y 51 minutos pasamos otro como el anterior, y seguidamente empezamos a subir por lo más áspero y elevado de la Cordillera. Atravesando varios pantanos y malezales, continuamos subiendo con mucho trabajo por lo fragoso del camino, hallando muchos árboles atravesados en las estrechas sendas, por donde con mucha dificultad caminábamos. Los caballos sentían mucho lo pedregoso del camino, y su suma desigualdad los hacía dispersar de una y otra banda, ocasionando al capataz y peones bastante trabajo para evitar su descarrío. Llegamos, por último, a lo más encumbrado de la cordillera, y la bajada fue mucho más trabajosa que la subida, por tener algunos barrancos, que, a no ir con el mayor cuidado, se seguiría inevitablemente el rodar por ellos.

Llegamos llenos de fatigas al llano, a las 10 y 45 minutos, y pasamos un bañado muy pantanoso, y a las 10 y 50 minutos cortamos un arroyo que llaman el Paso Hondo, desde donde seguimos al galope, para poder llegar a tiempo de observar la altura meridiana del Sol en la estancia del Yaguarón; y efectivamente, llegamos a las 11 y 33 minutos, habiendo seguido el rumbo del sur 35° Este desde el pie de la cordillera. Al momento rectificamos el instrumento, y hallamos su cero en los 300° 39 minutos 45 segundos, y observamos 52° 10 minutos 42 segundos 5, de altura meridiana del Sol, los que dieron 25° 41 minutos 15 segundos 6, hecho el cálculo, atendiendo a un poco de calima que tenía la atmósfera.

Hicimos a buen juicio las demarcaciones siguientes:

El cerro de Paraguari al norte 78° 30 minutos 0: distancia 7 leguas y tres cuartos.

El pueblo de Itapé al sur 65° Este distancia 6 leguas.

El cerro de Ibitiminí al sur 34° Este visto.

El curato de Ibitiminí es de una larga extensión, y no tiene más que 600 almas empadronadas: las cosechas de estos vecinos consisten en caña de azúcar, tabaco, mandioca y poco maíz. El cura tiene lo físicamente necesario para vivir con mucha miseria.

Salimos a las 3 horas 53 minutos, después de haber descansado un corto rato, y caminamos sufriendo un excesivo calor por el rumbo del sur 38° Este y por terrenos llanos con varias manchas de árboles de trecho en trecho. A la derecha dejamos los cerros de Ibitiminí; a las 4 horas 10 minutos, pasamos el arroyo de Ibitiminí, distante del punto de la salida algo menos de una milla. Su curso sigue al nordeste, hasta juntarse con el Acanguazú, sus orillas abundan en árboles, y los terrenos son como los anteriores. Luego pasamos un largo bañado bastante pantanoso, y demarcamos el camino que debíamos seguir al sur 61° Este y el cerro de Itapé al sur 76° Este visto dudoso: a las 5 horas 15 minutos, pasamos el arroyo de Tacuaremboy que, como el anterior, desagua en el Acanguazú. A las 5 horas 37 minutos, demarqué el cerro de Itapé al sur 78° Este y caminamos al sur 70° Este hasta las 8 horas 15 minutos de la noche, que llegamos a la estancia de don José Joaquín Achard, a donde hicimos noche por no ser posible pasar a esta hora el Tebiquarí-miní, ni el largo y pantanoso bañado que le precede.

El paso o marcha fue al trote regular, a excepción de cuando pasábamos las muchas lagunas y pantanos que hallamos en el camino; particularmente una de muy cerca de un cuarto de legua, en el que llegaba el agua a los corvejones del caballo. Atravesamos también, algunos montes poco antes de llegar a dicha estancia; y conceptuamos haber andado 6 leguas y media, conviniendo esto con lo que nos informaron.

Día 22. Antes de marchar, demarcamos los puntos siguientes:

Lo más elevado del cerro de Itapé al norte 76° Este.
El paso de Achard en el Tebicuary al sur 69° Este.

Salimos a las 9 horas 15 minutos, y después de haber andado como tres cuartos de legua por un terreno algo pantanoso, llegamos a dicho paso a las 9 horas 5 minutos, en el que nos detuvimos 45 minutos en pasar en canoa nuestras personas y el equipaje, y la caballada a nado. Puestos a la banda del este seguimos el viaje por un terreno bastante doblado de mucho espartillo: bien poblado de árboles, y con algunos cortos pantanos; a las 11 horas 15 minutos, llegamos al pueblo de Itapé, considerando haber andado desde el Tebicuary tres cuartos de legua por el camino carretero, que da bastante vuelta. Inmediatamente que llegamos, compuse el instrumento que estaba algo dislocado, y hallé el cero en los 300° 29 minutos 12 segundos 5; observada la altura meridiana del Sol 52° 20 minutos 56 segundos 25, resultó la latitud de 25° 51 minutos 14 segundos 75, atmósfera clara.

En el paso de Tebicuary vimos una piragua nueva, capaz de cargar 14 arrobas de hierba, y otras que se estaban construyendo. Las orillas del río que están pobladas de árboles, forman barranca, pero las maderas de que se construyen las embarcaciones que vimos son de los montes inmediatos, de donde igualmente se sacan muchas tirantes, y trozos del cedro, que se conducen a Buenos Aires por el mismo río.

El pueblo de Itapé es el más miserable y desdichado de la provincia; no contiene más que catorce familias, que componen 66 personas de todas edades, las que viven en unos ranchos de paja muy infelices; solo hay once hombres de trabajo, y los demás se emplean en los oficios de cabildo. Tiene una pequeña iglesia, cuya fábrica y ornamentos corresponden a la pobreza del pueblo; sin embargo de tener una estancia 500 cabezas de ganado vacuno, 150 yeguas de cría, cincuenta mulas, cuarenta caballos, cincuenta y cinco bueyes y siete carretas, en las cuales está afianzada la subsistencia del pueblo, conduciendo haciendas de los mercaderes de Villa Rica a la Asunción, trajín en que también se emplean las mulas.

También benefician anualmente 80 arrobas de tabaco torcido, que venden en la factoría de la capital.

Todas las semanas se les da por su cura administrador ración de carne, y cada año 5 varas de lienzo de algodón a las mujeres, y un poncho, una montera y 2 varas del mismo lienzo a los indios. Los enfermos gozan diariamente ración de carne: las indias hilan por tarea 4 onzas de hilo algodón a la semana, que lo sacan de una libra que para ello les da el cura. En tiempo de chacareo, que es en los meses de agosto, septiembre y octubre, además de la tarea, se les obliga a sembrar algún maíz, arroz, mandioca, trigo y porotos, que todo lo consumen en su subsistencia. Los más aplicados tienen sus chacaritas, y lo que en ellas cosechan lo disfrutan con absoluto dominio: las indias se ocupan también en hacer alguna loza, y su producto lo invierten en su beneficio. Para los que trabajan, se hace una comida común, de la cual no prueban los demás. El gobierno es el mismo que el de un padre de familia, cuya cabeza es el cura, que no goza sueldo alguno.

El pueblo posee muchas y excelentes tierras, y propias para cría de ganados de todas especies: en ellas hay abundancia de montes de buenas maderas, que no aprovechan por falta de gente para emprender tales faenas, y los españoles son los que disfrutan mucha parte de ellas. Los arrendatarios que viven en dichas tierras pagan al año 10 pesos municipales, por cada cien cabezas de ganado que pastan en ellas.

Este pequeñísimo pueblo, por haberse reducido voluntariamente en tiempo de la conquista, que era un cacicazgo de setenta hombres de armas, los que con sus familias, emboscados en los montes de las orillas del Tebicuary se mantenían de la pesca y caza, goza el privilegio de no tener encomienda alguna, de no pagar tributo, ni sufrir la carga de mandamientos de gobierno, que se reducen a las órdenes que se despachan a otros pueblos, para que determinado número de indios vayan a trabajar a las faenas particulares, en las que, aunque se les paga, es de tan mala suerte que, después de haberles exigido el mayor trabajo, les hacen contentar con 4 pesos municipales al mes, que se reducen a 4 varas de lienzo, cuyo valor en buen dinero asciende a 8 reales de plata; agregándose a esto el inicuo dominio que ejercen sobre ellos, hasta llegar a términos de azotarlos siempre que se les antoja, sin que estos miserables tengan otro arbitrio que el de quejarse a su protector, en lo que nada consiguen.

En dicho pueblo demarcamos los puntos siguientes:

La estancia de Achard, al sur 71° Oeste.

Lo más elevado del cerro de Ibitiminí al norte, 85° Oeste.

El de Itapé, al norte, 83° Este.

El de Yariguamí, al sur, 63° Oeste.

Lo más norte de la sierra de Villa Rica al norte, 58° Este.

Lo más sur de dicha sierra, con duda, al norte, 76° Este.

El picacho más elevado del extremo del norte, al norte, 71° Este.

Otro picacho más al sur, al norte, 70° Este.

La Capilla de la estancia de Yaguarón, a buen juicio, al norte, 70° Oeste.

Día 23. Salimos de Itapé a las 6 y media de la mañana dirigiéndonos al norte 58° Este por un camino algo doblado, con algunos pantanos y pequeñas lagunas; el suelo arena no muy suelta, y poblado el campo de islas de árboles, como las que dejábamos a una y otra banda; bastante espartillo se veía por todas partes. A las 6 horas 40 minutos llegamos a la primera cruz: a las 7 horas 13 minutos estábamos al pie del cerro grande de Itapé: a las 7 horas 26 minutos nos dirigimos al norte 3° Este hasta las 9 horas 20 minutos, que seguimos al Sur 12° Este habiendo dejado a las 8 horas 50 minutos la capilla de Giatí a la izquierda, muy inmediata al camino; a las 9 horas 45 minutos demarcamos el camino al norte, 20° Este que seguimos hasta las 10 horas 1 minuto que volvimos

al sur 22° Este y a las 10 horas 25 minutos llegamos a la Villa
Rica del Espíritu Santo; habiendo atravesado antes un monte
de más de un cuarto de legua, muy contiguo a dicha villa.
La distancia andada fueron 6 leguas desde la primera cruz; y
desde Itapé a esta un cuarto de legua.

Como 2 leguas y media antes de llegar a la Villa, encontramos todo el campo bien poblado de chacras. El camino
como se puede inferir por los rumbos que seguimos, da muchas vueltas, y como se dijo, parte del terreno es doblado:
lo demás bastante llano. Consideramos una legua y cuarto
de distancia, del pueblo de Itapé al cerro grande del mismo
nombre.

Luego que llegamos, pasamos a casa del alcalde de primer
voto, para que nos señalase alojamiento, y habiendo sabido
que se hallaba en su chácara, nos dirigimos a la del Teniente
Oficial Real que igualmente se hallaba en el campo, como el
alcalde de segundo voto. A vista de esto, y con mucha repug-
nancia, determinamos pasar a casa del cura, que por falta de
otro recurso no fue forzoso tomar este partido. Lo hallamos
en ella, y el recibimiento que nos hizo fue con algún desa-
grado: mas al cabo el buen eclesiástico, haciendo de tripas
corazón, compuso su semblante, y nos hospedó con agasajo.
Luego preparamos el instrumento para tomar la altura meridiana del Sol, sin rectificar más que la perpendicularidad
de los espejos, porque consideramos no había tiempo para
ello, dejando para después el hallar el cero; y habiendo ajus-
tado, notamos que el Sol bajaba, lo que nos hizo persuadir
bastante atraso en el reloj, respecto a que no pudimos haber
gastado tanto tiempo en las ya mencionadas diligencias.

A la tarde tomamos las alturas de Sol, y azimuts que siguen, para averiguar la variación de la aguja.

Altura del Sol			Azimuts		
Grados,	minutos	segundos	Grados	minutos	segundos
250	43	30	286	"	"
253	18	20	285	15	"
255	08	"	284	21	"
256	19	"	283	19	"
258	43	"	282	56	"
260	35	"	282	33	"

Rectificado el instrumento, hallé el cero en los 300° 29 minutos 45 segundos.

No se han calculado estas observaciones, por no tener confianza en los azimuts que se tomaron con una aguja de las chicas de la colección, que no son nada a propósito para semejantes operaciones.

La Villa Rica del Espíritu Santo, de que voy a dar una corta noticia, tuvo su primer asiento junto al Salto grande del Paraná, en la banda del oeste.

Esta villa está situada en una pequeña altura, cercada por todas partes de espesos montes: a la banda del este, y a distancia de 8 a 10 leguas, hay una serranía de poca elevación que corre Norte Sur. Las calles están tiradas a cordel, las más de las casas son de paja, alguna hay de ladrillo y teja: todo manifiesta la suma pobreza del vecindario. La iglesia matriz se está edificando de nuevo, y su fábrica hace más de cuarenta años que empezó: los franciscanos no tienen mal convento; en él se mantienen sus frailes de misa, y tres legos. Los hombres de armas se emplean únicamente en una guardia que se mantiene en la plaza para hacer cumplir las providencias del gobierno, aunque en ocasiones se sacan algunos destacamentos para los destinos que el gobernador Intendente les señala.

Lo político y económico está a cargo del alcalde de primer voto, y el mando de armas al de un comandante militar, el cual lo manda todo cuando lo hacen alcalde. El Cabildo se compone de dos alcaldes ordinarios, uno provincial, algunos regimientos que están vacantes, y el Procurador.

El cura es igualmente vicario, y tiene un teniente que le ayuda en su ministerio. Su renta, según nos informó, no pasa de 1.800 pesos municipales, que en buena moneda han de ser menos de 150 pesos; porque le pagan sus derechos en hierba, maíz, mandioca, cera negra, ropa vieja de los difuntos, caballos viejos, y otras cosas de este tenor: de modo que, a no ser el noveno y medio que percibe de los diezmos, con lo que paga al sacristán y al teniente, fuera la renta muy corta.

El principal giro de estos vecinos es conchabarse, para los beneficios de la hierba, a los que emprenden estas faenas, las cuales son lucrativas en ciertos casos a los amos, y nunca a los peones, que trabajando bárbaramente ningún adelanto consiguen: porque, sobre pagarles la hierba que trabajan con géneros, dan estos tan subidos de precio que aseguran todos que es un asombro. Los troperos o beneficiadores son tan tiranos que hasta el machete con que los peones cortan la hierba lo alquilan; y esto da bien a entender lo que harán en orden a lo demás. Ya se sabe que los toros que llevan para la manutención de los peones, se venden a estos a buen precio; resultando de tanta usura, que como los peones antes de ir a sus beneficios se empeñan cuanto pueden, cuando han trabajado alguna cosa toman las de Villadiego, y dejan al beneficiador con sus ideas frustradas: estos también suelen ser engañados de los mercaderes habilitadores. Últimamente lo que sucede a los habilitadores, troperos y peones no es fácil de comprender. Varios sujetos me han hablado sobre el particular con bastante admiración, sin saber en qué consiste el poco adelanto de la mayor parte de los que se dedican al beneficio de la hierba. Los parajes a donde esta se produce distan de la villa 35 o 40 leguas, y los más pingües algo más.

También se dedican al chacareo, y cosechan buen tabaco de hoja, alguna caña de azúcar, maíz, mandioca, porotos y otras menestras, y algún trigo. De este cosecharán mucho más si pudieran expenderlo, porque el terreno es a propósito para este precioso grano, el cual muelen con molinos de mano, que sobre dar mucho trabajo se consigue poca harina, y de mala calidad al día.

Los vecinos más acomodados tienen estancia: hay una que aseguran tiene 4.000 cabezas de ganado, las demás, que llegarán a catorce, tienen de 1.000 a 2.000. El convento de San Francisco tiene la suya con 3.000.

Estos vecinos consumen algunos géneros de Castilla, que conducen de Buenos Aires y de la Asunción, mercaderes de poco principal, los cuales permutan por hierba y tabaco.

Día 24. A las 8 y 35 minutos, después de haber oído misa, salimos dirigiéndonos al Sur 21° Este, hasta las 9 horas y 45 minutos, que fuimos al Sur 46° Oeste; a las 10 y 17 minutos, seguimos al Sur 47° Este; a las 11 y 11 minutos pasamos el arroyo Yacanminí; a las 11 y 29 minutos llegamos a la estancia de don José López de Villa-Mayor, habiendo caminado 4 y media leguas, por unos caminos algo tortuosos, con algunos bañados y pantanos. Los terrenos, arena y tierra colorada, y en pocas partes blanquizca, son algo doblados, cubiertos de pajonal y espartillo, bastante poblado de chacaritas en las orillas de los montes, que dejábamos a una y otra banda. El arroyo Yacanminí tiene su nacimiento en la serranía de Villa Rica, y su curso es del Este al Oeste, hasta desaguar en el Tebicuary-miní.

Luego que llegamos, rectifiqué el instrumento y hallé el cero en los 300° 29 minutos 46 segundos, y observé la altura meridiana del Sol, 52° 57 minutos 18 segundos, que dieron de latitud 25° 55 minutos 53 segundos atmósfera clara.

En el mismo paraje hicimos las demarcaciones siguientes:

Lo más elevado del cerro grande de Itapé al Norte 47° Oeste.

La más elevada del chico al Norte 69° Oeste

El picacho más Norte de la serranía de Villa Rica al Norte 38° Este.

Los demás puntos de dicha serranía no se demarcaron, porque no se veían.

A las 3 horas 20 minutos montamos a caballo, y caminamos al Sur 23° Oeste, hasta las 3 horas 45 minutos, que seguimos al Sur 12° Este; y por este rumbo llegamos a las 4 horas 50 minutos al Yacanguazú, distante de Villa Rica 7 leguas, y de la estancia donde observamos 2 y media. Este riacho nace en la falda de la sierra de Villa Rica, y corriendo Este Oeste va a desaguar al Tebicuary-miní, que dista de donde cortamos dicho riacho, 14 cuerdas de 63 y un tercio varas cada una. Cuando llegamos, encontramos en su orilla seis u ocho hombres, que con dos pelotas nos aguardaban para pasarnos de orden del comandante militar de Villa Rica: a los 15 minutos estuvimos en la otra banda, y seguimos caminando por el rumbo anterior, hasta las 6 horas 15 minutos, que llegamos a la casa del Comisionario de aquel partido, don Juan José de Villanueva, distante del Yacanguazú 1 y un tercio leguas.

El camino que seguimos es bastante derecho; el terreno en algunos parajes es algo desigual, siendo lo más llano de que resulta haber algunos bañados y pantanos. La mayor parte del terreno está cubierto de pajonal y espartillo, y casi todo poblado de chácaras en las orillas de los montes: el piso, arena no muy suelta, roja, mezclada en algunas partes con tierra blanquecina.

Día 25. A las 6 y 30 minutos salimos en caballos del comisionario Villanueva, y empezamos a caminar por el rumbo del Sur 64° Oeste, hasta las 6 y 35 minutos, que llegamos a la primera estancia del pueblo de Caazapá, llamada Santa Bárbara, desde donde seguimos al Sur 47° Este, y por este rumbo llegamos, a las 7 horas y 7 minutos, a un gran bañado muy pantanoso, formado por el riacho llamado Hernandarias, que nace de unas cañadas inmediatas, que están al Este del camino, y hasta desaguar en el Tebicuary-miní, corre al Oeste. A las 7 horas y 37 minutos demarcamos el camino al Sur 70° Este, y seguimos a este rumbo hasta las 8 y 21 minutos, que volvimos al Sur 26° Este, por un monte bastante delicioso, pero, como los demás, lleno de garrapatas que se pegan en todas partes y llegan a ser de un considerable tamaño, causando bastante escozor la picada; en ocasiones, y aun conseguido desprenderlas, siempre queda la cabeza dentro, que suele causar una llaga. A las 8 horas 35 minutos demarcamos el pueblo de Caazapá al Sur 88° Este, por cuyo rumbo llegamos a él a las 9 horas 32 minutos. El camino forma algunos pequeños rodeos en los rumbos a que se demarcó, para salvar los muchos bañados que se encuentran. El terreno forma algunas lomas suaves; y a una y otra banda, algo distante, se ve bien poblado de árboles que forman islas: la tierra es blanquecina, hasta una legua del pueblo, que empieza a ser rojiza, mezclada con alguna arena del mismo color, no muy suelta. La marcha fue al trote corto, fuera de los bañados que caminábamos paso a paso: la distancia andada la regulamos de 4 y media leguas.

Luego que llegamos, rectificamos el instrumento, y hallamos el cero en los 300° 29 minutos 46 segundos 5: después observamos 53° 2 minutos 47 segundos, 75 de altura meridiana del Sol, que dio 26° 9 minutos 53 segundos, 75 de latitud; atmósfera clara.

Considerando no ser precisos los caballos para transportarnos al pueblo de Yuty, respecto a que el cura de Caazapá nos ofreció los necesarios, se despacharon los que llevábamos, con orden al capataz y peones, que a los diez o doce días estuviesen con otros descansados en la estancia de Espínola, cerca de la confluencia del río Tebicuary con él del Paraguay.

A la tarde tomamos los azimutal y alturas del Sol siguientes:

Zimuts			Altura del Sol		
Grados,	minutos,	segundos	Minutos,	segundos	
287	15	"	251	37	"
286	34	"	253	05	"
285	55	"	254	31	30
286	07	"	255	59	30 dudosa

Los azimuts que siguen tienen el cero en los 180°.

104	15	"	257	40	"
103	83	"	259	35	"

Estas observaciones no las calculamos, por igual razón que las de Villa Rica.

El pueblo de Caazapá está perfectamente situado, en una loma que domina una dilatada campiña: tiene 4 cuadras de largo y otras tantas de ancho, fabricadas de ladrillo y cubiertas de teja, con sus corredores a la calle, sobre pilares del mismo material para resguardo del Sol. La iglesia está en medio de la plaza; es de mala fábrica, y se está arruinando. Se trata de hacer otra nueva, luego que el tiempo presente oportunidad para ello.

La antigüedad de este pueblo se ignora, porque ni se conserva documento justificativo de su fundación, ni menos tradición alguna: únicamente se pudiera saber por los libros parroquiales, pero estos no tienen principio ni fin. Se sabe que el venerable fray Luis de Bolaños fue uno de los primeros conquistadores espirituales, y que los religiosos franciscanos anunciaron el evangelio a estos indios.

Los indios tienen sus chácaras particulares inmediatas al pueblo, además de las del común, y en todas hay abundancia de naranjos dulces. Cosechan en ellas maíz, porotos, habas, mandioca, caña, etc.

En los dilatados y hermosos campos que este pueblo posee, comprendidos de Norte a Sur, entre los ríos Yacanguazú y Piraporarú, cuya extensión es de más de 16 leguas, y de Este a Oeste por la serranía de Villa Rica, y los ríos Tebicuary-miní y guazú, hay avecindados varios arrendatarios, que pagan a proporción del terreno que ocupan. Tiene el pueblo sobre 33.000 cabezas de ganado vacuno, repartido en diez estancias, y seis puestos; 9.000 yeguas de cría, 3.000 caballos, incluso potros y redomones, 1.400 mulas, las 1.000 mansas y las 400 chúcaras, 3.000 ovejas, 150 cabras, 500 burras, 800 bueyes y veintidós carretas nuevas.

El Cabildo se compone de un corregidor, dos alcaldes ordinarios, cuatro regidores, alférez real, alcalde provincial, alguacil mayor, otro menor, alcalde del campo, dos alcaldes de la Santa Hermandad y un mayordomo.

El número de almas que contiene este pueblo llega a 900; entre ellas hay 120 matrimonios y 150 indios de trabajo, de los cuales se sacan los que se mandan de mita a los encomenderos, y los que se remiten a la fábrica de tabaco torcido de San Lorenzo: de suerte que apenas quedan los precisos para el cuidado de las estancias, y aquellas faenas indispensables que se ofrecen en el pueblo; y sin embargo se remiten a la gran factoría de la Asunción sobre 250 arrobas de tabaco torcido que se fabrican, en cuya faena se emplean también mujeres y niños.

El principal ramo de comercio de este pueblo es el beneficio de la hierba, que se trabaja con peones conchabados, por no alcanzar los indios para esta faena. La felicidad de tener los beneficios inmediatos, que por real merced disfrutan igualmente que el pueblo de Yuty, hace que no a mayor costo consigan anualmente de 3 a 4.000 arrobas, sin las que pagan los arrendatarios, que todas se invierten en efectos de Castilla, para adornar la iglesia, y también dicen que en vestir a los indios: pero esto no me parece ser muy cierto, porque todos se presentan, exceptuando los que andan sin camisa que son muchos, con ropa del país. El almacén no carece de géneros, y muchos más tuviera si pagaran al pueblo lo que deben, que asciende a la cantidad de 53.850 pesos de plata, que restados de 11.750 que debe, resultan en su favor 42.100.

Ahora seis años estaba el pueblo empeñado, sus estancias exhaustas de ganados, y parecía que por todos lados caminaba a su total ruina: pero las oportunas providencias del actual gobernador, repararon el estrago que le amenazaba, relevando a su cura administrador, y poniendo al actual que le gobierna, quien por todos títulos manifiesta el esmero de su ajustada administración.

La iglesia tiene muchos ornamentos preciosos, bordados de realce, unos y otros de tisú, y bastantes de brocato. Tiene seis blandones de plata, que cada año pesa 49 marcos, dos atriles de lo mismo, de un considerable peso, una gran cruz parroquial, y dos ciriales, todo de buen trabajo: 6 varas de palio, cuatro cálices nuevos de plata sobredorada, y tres viejos, cuatro juegos de vinajeras con sus platillos, todo nuevo; las crismeras del Santo Óleo también nuevas, aguamanil para la sacristía, y dos jarros para el comulgatorio, sin incluir otras varias piezas que sirven para adorno del altar. Además tiene dos copones de oro, ambos de un trabajo superior: el uno más rico que el otro, claveteado de esmeraldas, rubíes y topacios, primorosamente trabajado, cn cuyo esmalte se representa la Pasión de Nuestro Señor Jesucristo; el otro es liso, y también de gusto; un cáliz en todo semejante al primer copón, y se trata de hacer unas vinajeras correspondientes.

Hay también muchos vestidos ricos; los cuales sirven al corregidor, Cabildo y Cabos militares, en los días de mucha festividad, y en los que reciben a los gobernadores y Obispos, citando van sus visitas, para cuyos casos tienen ricos jaeces de caballos, que se componen de muy buenas sillas, mandiles y tapariendas, bordados de realce, unos y otros de terciopelo galoneado, chapeados, pretales y espuelas de plata. Tienen igualmente 356 marcos de plata, en fuentes, platos, jarros, cubiertos y otras piezas, que se emplean en las visitas de dichos señores, y en los días de la conversión de San Pablo, tutelar del pueblo.

El gobierno es paternal; el cura administrador es un religioso franciscano que sirve sin sueldo ni sínodo, ni obvención alguna, y ejerce sobre los indios las mismas facultades que un padre de familia, corrigiendo los defectos que cometen, tanto en lo espiritual como en lo temporal, y les subministra lo que han menester en orden a vestuario, y por lo que hace a manutención se les da dos veces a la semana ración de carne en común, y a los que trabajan en las faenas del pueblo, se les da diaria, de carne y miniestras.

Los indios tienen dos días a la semana para sus trabajos particulares, y en tiempo de chacareo, se les conceden semanas enteras, sin que esto embarace el que vayan después a trabajar a las chacras de la comunidad, cuyos frutos se invierten en mantener a los que trabajan en las faenas públicas, y en socorrer a los que necesitan semillas para sus chacras. Las indias se ocupan en hilar una libra de algodón todas las semanas; esto es cuando lo hay, y con el hilo se tejen lienzos para el consumo del pueblo.

Demarcamos la estancia de Santa Ana al Sur 43° Oeste: la serranía de Villa Rica no se vela por la mucha calima. El cerro de Itapé tampoco se veía, por causa de un monte que lo ocultaba.

Día 26. A las 7 horas 26 minutos de la mañana salimos de Caazapá en caballos del pueblo, y cinco indios encargados de acompañarnos y cuidarnos hasta el pueblo de Yuty. Caminamos por terrenos algo doblados, de tierra algo roja, mezclada con arena en algunas partes, y en lo demás tierra blanquecina, cubierta de espartillo, y algún pajonal en las cañadas o bajíos. El cura nos acompañó como media legua, y dio orden a los indios que nos guiasen por el mejor camino, encargándoles nos asistiesen con cuidado en las estancias de Santa Ana y Jesús María, pertenecientes al mismo pueblo. A las 9 horas 50 minutos llegamos a la primera, considerando haber caminado de 4 y media a 5 leguas, con algún rodeo para salvar algunos pantanos y bañados; sin embargo pasamos varios, ninguno de consideración.

Luego rectificamos el instrumento, que hallamos con alguna dislocación en los espejos que compusimos, y resultó el cero, en los 300° 29 minutos 37 segundos. Observé con bastante trabajo por el mucho viento, la altura meridiana del Sol, de 53° 18 minutos 11 segundos, que dio 26° 16 minutos 43 segundos 8 de latitud: atmósfera clara.

Demarcamos lo más elevado del cerro de Santa Rosa al Sur 23° Oeste.

El de Itapé al Norte 16° Oeste.

El de Santa María de Fe no se veía, ni la serranía de Villa Rica.

Esta estancia está perfectamente situada en una loma de hermosa vista, tiene una capilla muy regular y buenos alojamientos. Los campos son excelentes para crías de ganados de todas especies; en algunas partes se ven montes de árboles, siendo lo más tierras limpias.

Salimos de la estancia de Santa Ana a las 2 horas 55 minutos de la tarde, dirigiéndonos al Sur 31° Este, por terrenos semejantes a los de por la mañana; y no muy distantes, diferentes islas de árboles, como en la costa que íbamos dejando a la izquierda, que toda ella era montuosa. A las 4 horas 5 minutos empezamos a caminar al Sur 41° Este, y los terrenos empezaban a descubrirse muy llanos, anunciándonos los bañados y pantanos que nos habían dicho debíamos pasar. A las 4 horas 46 minutos nos dirigimos al Sur 36° 30 minutos Este, habiendo pasado diferentes bañados y pantanos de bastante extensión: 5 horas 42 minutos seguimos al Sur 45° Este; continuando cada vez más los bañados y pantanos.

Costeábamos un monte que dejábamos a la izquierda, y a la derecha descubrimos unos campos dilatados con bastantes islas de árboles. A las 6 horas 30 minutos continuamos al Sur 37° Este; y a las 7 horas 24 minutos llegamos a la estancia de Jesús María, última del pueblo de Caazapá, después de haber atravesado en las inmediaciones de esta estancia los bañados pantanosos más difíciles que se encuentran en las 7 leguas que anduvimos.

Esta estancia está situada sobre una pequeña loma; su vista es muy agradable, y casi tan deliciosa como Santa Ana; tiene su capilla y dos cuartos en que con bastante comodidad se pueden alojar algunos sujetos de forma; además tiene una cuadra de cuartos de buena fábrica, para los indios que habitan allí. Es digna de alabanza la idea del administrador, que fabricó estas capillas, proporcionando por este medio el alivio de un regular hospedaje a los viajeros, a tan poco costo del pueblo como se puede inferir, supuesto que nada más que el poco fierro que se gastó en cerraduras y bisagras tendría que comprar. Y aunque hay algunos que pretenden que la decadencia que tuvo el pueblo en tiempo de la fábrica de ellas no procedió de otra cosa, es absolutamente falso porque a nadie se le oculta que el verdadero motivo de empobrecer fue el pago de gruesas facturas, que aseguran tomó el pueblo por meras condescendencias, y tuvo que satisfacer con hierba, que era lo que quería el acreedor.

Solo en las estancias de Caazapá se encuentra regular hospedaje: las demás de esta provincia, a excepción de tal cual, son miserables; ellas no tienen más que ranchos de paja destituidos de toda comodidad. Por lo común, cuando llueve no hay lugar que esté reservado del agua, haciéndose dentro charcos y pantanos que casi los hacen inhabitables. A vista de esto hay quien dice que las estancias de Caazapá tienen más de lo muy preciso, y que el que dispuso se hicieran las capillas y cuartos, invirtió los bienes del pueblo en superfluidades, haciendo obras inútiles a los indios.

Día 27. Salimos de Jesús María para Yuty a las 6 horas 37 minutos de la mañana, que empezamos a caminar por el rumbo del Sur 45° Este hasta las 8 horas 24 minutos que llegamos al río Piraporarú, en el que encontramos una canoa bastante buena, y en ella pasamos la otra banda, tardando en esta faena bastante, a causa de estar el río muy crecido. A las 9 horas 26 minutos continuamos nuestro camino por el rumbo del Norte 74° Este y a las 10 horas 55 minutos llegamos al pueblo de Yuty. Graduamos 2 leguas de distancia de Jesús María al Piraporarú, y desde aquí a Yuty 2 y cuarto: las primeras las anduvimos por caminos de pocas vueltas, de tierra blanquecina y alguna arena en partes, y en otras negras con la misma arena, y las segundas por un rodeo bastante grande. Todo el terreno, hasta llegar al río, es llano, y por esta razón se encuentran muchos bañados pantanosos, que en tiempo de aguas se hacen intransitables, particularmente una legua del río. Son tantos los que hay que apenas se sale de uno se entra en otro, de tal suerte que se pueden reputar por uno. El río Piraporarú tiene sus orillas extendidas, y vestidas de árboles: antes de llegar a él se costea como de legua por un monte muy frondoso, y abundante de naranjos agrios y otros árboles crecidos. Pasado el río sigue el terreno horizontal, de la misma calidad que el anterior, con bastantes bañados pantanosos, hasta una legua distante de Yuty, en que ya se empieza a subir por lomas y terrenos desiguales de tierra colorada, todo poblado de chacras de los indios de dicho pueblo.

Inmediatamente que llegamos, compuse y rectifiqué el instrumento, y hallé el cero en los 300° 27 minutos 13 segundos. Seguidamente observé 53° 20 minutos 6 segundos 5 de altura meridiana del Sol, que dio 26° 35 minutos 54 segundos 6 de latitud, estando la atmósfera clara.

El cura administrador nos dio noticia de los sujetos encargados del apresto de las canoas, que nos dijo estaban hechas, y que desde luego podríamos sin mayor demora emprender la navegación por el río Tebicuary (que era el principal objeto del viaje), ofreciéndonos cuantos auxilios pendiesen de sus facultades. Nos dio noticia del único práctico que podía servirnos, a quien inmediatamente se llamó para tratar con él sobre el particular: así se verifico aquella noche, quedando en que el 29 nos largaríamos sin falta, no habiendo reparo por parte de los encargados en la habilitación de las canoas, que igualmente nos ofrecieron aquella noche tener echa la balsa para el mediodía de dicho 29.

Día 28. Hallamos el cero en el instrumento en los 300° 27 minutos 32 segundos 5, y observamos 53° 41 minutos 1 segundo 25 de altura meridiana del Sol, que calculando la latitud:

		Grados,	minutos,	segundos	
Resultó de	26°	36'	15'	25	atmósfera clara.
La de ayer fue de	26°	35'	54'	6	
Latitud media	26	36	14	42	5

Por la mucha calima se demarcaron a buen juicio, desde la torre de la iglesia los puntos siguientes.

El cerro de Santa Rosa al Sur 50° Oeste.
El de Santa María de Fe, al Sur 51° Oeste.

Este pueblo está situado sobre una loma que domina los campos de sus inmediaciones, todos son alegres, y en partes cubiertos de frondosas islas de árboles, y en otros de montes seguidos que producen buenas maderas propias para edificios, y construcción de embarcaciones que remiten a Buenos Aires por el río Tebicuary. Lo material del pueblo se reduce a cinco cuadras de casas, todas viejas, que no llegan al cerrar la plaza, porque dos lados de esta, cada uno tiene dos cuadras, el tercero una y el cuarto las casas de los curas, con habitaciones para los gobernadores y Obispos, cuando van a sus visitas, y además diferentes oficinas, como son almacén del pueblo y piezas para alojar varios sujetos. La iglesia no está perfectamente en medio de la plaza, y su espalda está casi contigua a la citada casa de los curas: es de un grandor regular, de tres naves formadas por unos postes que sostienen el techo; manifiesta una antigüedad considerable, y por todas partes da a entender mucha vejez, e igualmente que las casas, necesita pronto reparo. Además de la iglesia parroquial, tiene el pueblo fuera de la plaza y frente de dicha iglesia, una capilla dedicada a San Roque, cercada toda de naranjos dulces, después de los cuales siguen diferentes chacaritas, que continúan alrededor del pueblo.

Por tradición constante se sabe que el venerable padre fray Luis de Bolaños, del orden de San Francisco, redujo a estos indios a nuestra Santa Fe por los años de 1580, cuya circunstancia ha hecho que religiosos de la misma orden hayan doctrinado este pueblo, administrando sus temporalidades, que en el día no son muy crecidas, a causa del atraso, en que se hallaba al ingreso de actual cura administrador; quien habiendo hallado solo 5.700 cabezas de ganado vacuno en las estancias, ha conseguido en dos años y medio el laudable aumento de 7.000, que todos se mantienen en sus estancias, en las que hay también 2.000 yeguas de cría, 700 caballos, 400 millas mansas, más de 400 bueyes y 1.300 ovejas. Los campos que posee este pueblo son buenos para cría de ganados, y se extienden desde el río Piraporarú hasta el Guayracay de Este al Oeste, distante uno de otro 14 leguas, y de Norte a Sur 44, contenidas entre el río Colorado por la parte del Sur, y por la del Norte las cabeceras del Tebicuary-guazú. También posee por real merced, concedida el año de 1619 por don José Villenes Mereciente, siendo gobernador y capitán general de esta provincia, excelentes y ricos yerbales, en los cuales se ha beneficiado en estos dos años y medio 16.600 arrobas de hierba, las que se han empleado en satisfacer deudas atrasadas, y en la compra de toros y mulas para el adelantamiento del pueblo.

En las tierras que le pertenecen hay 150 arrendatarios, que satisfacen anualmente el importe del terreno que ocupan, y están sujetos en lo temporal al comandante militar y juez comisionario de partido de Bovi, y en la espiritual, al cura doctrinero de este pueblo.

La iglesia tiene ricos ornamentos, vasos sagrados muy decentes y blandones de plata, aunque no como en Caazapá.

La riqueza de este pueblo consiste, como en el beneficio de la hierba, único giro que produce conocida utilidad; y fuera mayor esta, si por el río Tebicuary se remitiera a Buenos Aires, y no que se hace conducir a la Asunción. En los montes hay sujetos a quienes por 200 pesos, que cada uno ha satisfecho al pueblo, se les ha concedido un año de corte; esto es, que en el término de un año puedan cortar toda la madera que se les antoje, sin señalarles determinado número de peones, de suerte que estos hombres, dejaron los montes en donde trabajan en estado de no poderse sacar en muchos años un palo de provecho, según ellos mismos nos dieron. Las maderas las remiten a Buenos Aires por el Tebicuary, en itapás, que son unos armatostes de tirantes y trozos de cedros, de figura de un paralelepípedo, y en garandumbas y piraguas, especies de embarcaciones muy propias para navegar con mucha carga en poca agua. Cada árbol de cedro vale en el monte regularmente 2 reales, y los que son propios para tirantes, uno, pero los costos de conducir son muchos.

El número de almas asciende a 686 de todas edades, solo hay 165 indios de trabajo, inclusive los de encomienda, y estos tienen que atender a todas las faenas del pueblo, y además al cultivo y beneficio del tabaco torcido que anualmente remite a la factoría de la Asunción hasta 150 arrobas; y hubiera remitido mucho más este año, si la impericia del maestro, que por cuenta del rey dirige el trabajo, no hubiera dado lugar a que 16.000 plantas hubiesen producido por su descuido un tan corto número de arrobas.

El Cabildo consiste en un corregidor y su teniente, dos alcaldes ordinarios, un provincial, alférez real, alguacil mayor, cuatro regidores, dos alcaldes de la Hermandad, dos procuradores, un alcalde de tambo y un secretario. La jurisdicción del corregidor se extiende a corregir los leves defectos de los indios, con facultad de castigarlos hasta con cincuenta azotes: la de los alcaldes se reduce a lo mismo, bien que en cuanto a los azotes no pueden pasar de seis.

Dos indios, a quienes llaman Curuzuyás, que por lo común son los más ancianos, tienen el encargo de recorrer todas las mañanas las habitaciones de los demás, para ver si hay alguno que esté enfermo, y dar cuenta, para socorrerle con lo que la urgencia requiera. Estos empleos, que son vitalicios, no dejan de ser apetecidos, porque los que los ejercen no trabajan más que en cocinar a los enfermos, y por consiguiente no comen mal.

Las indias van a la iglesia con unas túnicas; las viudas la llevan negra, y las casadas y solteras blanca; a este ropaje llaman tipoy, los brazos los llevan dentro, y el pelo tendido sobre las espaldas, de modo que se presentan con bastante reverencia y devoción. En los rosarios y procesiones van en dos filas, una detrás de otra, y los Curuzuyás están encargados de que no se perturbe el buen orden. Los indios van con su traje ordinario de poncho, etc.; y llevan flechas y lanzas por una costumbre heredada de sus antepasados, que sin duda viene de las continuas invasiones de los indios infieles, que tenían que resistir continuamente, allá en los primeros años de la conquista. El gobierno es idéntico al de Caazapá, por lo que omito referir cuanto en el particular pudiera decir.

Día 29. Salimos de Yuty a las 7 horas 46 minutos de la mañana, dirigiéndonos por tomadas y terrenos algo quebrados de tierra colorada, por el rumbo del Norte 56° Este, hasta las 8 horas 25 minutos, que fuimos al Sur 85° Este, por cuya dirección llegamos a tan pequeño riacho que corre Norte Sur a las 8 horas 35 minutos, desde el cual seguimos al Este por un terreno semejante al anterior. A las 8 horas 40 minutos entramos en un monte muy espeso, siguiendo el mismo rumbo hasta las 9 horas 8 minutos, que salimos de él a un pequeño prado, en el que encontramos un obraje de maderas en donde nos detuvimos 13 minutos, y luego continuamos al Este Norte Este, por otro monte tan espeso como el que acabábamos de pasar, hasta las 10 horas 5 minutos, que llegamos al obraje del sujeto encargado de la formación de la balsa, que se estaba concluyendo en el río, muy cerca de dicho obraje. Desde luego nos pareció imposible el vencer la corriente para navegar río arriba, atendiendo a la mala calidad de las canoas y a su pesadez.

Después de compuesto el instrumento de una pequeña dislocación, resultó el cero en los 300° 88 minutos 52 segundos, y observé 54° 3 minutos 31 segundos de altura meridiana del Sol, que dio 26° 35 minutos 21 segundos 3 de latitud, atmósfera muy cargada de calima y humo. Desde el citado obraje demarcamos el embarcadero al Norte 81° Este a medio cuarto de legua de distancia.

A las 3 horas 2 minutos de la tarde nos embarcamos con el práctico y seis indios, cuatro bogantes, y dos espadilleros, que el cura de Yuty facilitó, habiendo quedado con él que nos tendría prontos tres toros y dos carneros en el paso de Yuty. Los víveres que llevábamos consistían en tres gallinas, un poco de bizcocho, alguna sal, y una bolsa de hierba: únicos efectos que pudimos acopiar, porque el país no ofrece otra cosa. Empezamos a navegar río abajo con el mayor cuidado que se puede imaginar, porque no bien acabábamos de apuntar un rumbo, cuando ya era preciso hacer nueva demarcación: el que más, no duraba 3 minutos, siendo la mayor parte de ellos de uno y medio, y 2 minutos; por último, es cosa que maravilla ver las vueltas que da este río, pareciendo cosa imposible el que su curso sea tan sumamente tortuoso, corriendo por tierras llanas. El práctico nos dijo que, cuando más, se podrían navegar 4 leguas aguas arriba desde el paraje donde nos embarcamos. A las 5 horas y 56 minutos paramos, porque ya no se veía: las orillas del río son de tierra y arena, barrancosas, pobladas de árboles y de 2 varas de altura, adonde más; aunque en pocas partes se ven algunas pequeñas playas de arena, a causa de estar el río bajo, y en otras algunas piedras. Cuando crece, suben las barrancas e inundan los campos inmediatos. También se hallan muchos raigones de árboles clavados en el fondo que estorban el paso, y como manifiesta la tabla, solo hallamos seis cuartas de agua en donde sondamos: al principio conceptuamos tendría el río de ancho 20 varas, pero a la noche juzgamos pasaría de 30.

Día 30. Después de haber pasado malísima noche, por la suma abundancia de mosquitos, y por la indecible incomodidad de la balsa nos largamos a las 6 horas 8 minutos de la mañana, y seguimos navegando aguas abajo con el mayor cuidado a fin de que no se nos pasase alguna vuelta de las muchas que da el río, como manifiesta el plano, lo que nos causaba un trabajo tan continuado y molesto que solo los facultativos son capaces de comprender. A las 6 horas 26 minutos dejamos la banda de un arroyo que según nos dijo el práctico no tiene nombre. A las 7 y cuarto pasamos por el puerto de Molar: a las 7 horas 20 minutos por el que llaman de Itanguá. A las 7 horas 39 minutos dejamos la laguna que también llaman de Itanguá a la banda del Norte. A las 8 horas 45 minutos dejamos a la misma banda otra laguna llamada Yaguapuiayú, que tendrá poco menos de un cuarto de legua de largo, y algo menos de ancho: a las 10 y tres cuartos dejamos a la banda del Sur el arroyo Guayracay, y a las 11 paramos en un paraje a propósito para colocar el horizonte artificial y observar la altura meridiana del Sol.

Las orillas del río siguen barrancosas y por lo común muy pobladas de árboles y cañas tacuaras, a excepción de algunos parajes que forman pequeñas playas de arena, y en muy pocos se ven anegadizos. Continuamente encontrábamos palos secos clavados en el fondo, que nos causaban no poco trabajo, así como muchas ramas que sobresalen de la barranca: esta es en parajes más elevada que en otros, no pasando, en donde más, de 4 varas. El ancho del río es vario, pues en algunas partes tiene como 40 varas, y en otras no pasa de 25.

Rectificado el instrumento se halló el cero en los 300° 27 minutos 57 segundos 5. Altura meridiana del Sol, 54° 19 minutos 3 segundos 75, la que dio 26° 41 minutos 50 segundos 45 de latitud: atmósfera muy cargada.

A las 12 horas 23 minutos nos largamos, siguiendo en los mismos términos que por la mañana: las vueltas continuaban casi sin darnos lugar a ponerlas en el papel, muchos raigones nos embarazaban el paso, y era preciso mucho cuidado para que no desfondasen las canoas. A las 3 horas 24 minutos dejamos, a la banda del Norte el arroyo Yacanguazú, que pasamos a la ida de Yuty al obraje, donde se hicieron las canoas. A las 4 horas 13 minutos dejamos a la banda del Norte un pequeño arroyo que no tiene nombre, y a las 4 horas 41 minutos llegamos al paso de Nuestra Señora del Rosario de Yuty, habiendo varado en unas piedras que forman un arrecife poco antes.

Las orillas del río siguen en los mismos términos que por la mañana: la ramazón que sobresale de las barrancas nos daba bastante que hacer, y por las señales de los árboles se conocía que cuando el río está muy crecido inunda todos los campos inmediatos, subiendo más de 50 varas.

Día 31. A las 6 horas 25 minutos nos largamos, después de haber embarcado los tres toros charqueados, alguna carne fresca y los dos carneros que compramos al cura de Yuty, graduando habría suficiente para llegar a paraje donde pudiésemos embarcar víveres en caso de necesitarlos. Continuamos como el día anterior, sin tener lugar para nada, siempre con el mayor cuidado, poniendo sobre el papel las muchas vueltas que se ofrecían y apuntando todos los rumbos. A las 6 horas 39 minutos pasamos por el puerto de Franco, en el que vimos una piragua capaz de cargar de 9 a 10.000 arrobas. A las 7 horas 8 minutos dejamos a la banda del Norte un arenal, por donde antes seguía el río: a las 7 horas 37 minutos pasamos por el puerto de Cáceres; a las 8 horas 20 minutos empezó a llover, pero tuvimos la fortuna que no continuó; a las 11 horas 13 minutos pasamos por el puerto de Riquelme, y a las 11 horas 30 minutos paramos a comer en una pequeña playa de arena junto a un arroyo llamado Pirity, cuyas vertientes están inmediatas a las del Aguapey, que desagua en el Paraná, entre Itapua y San Cosme, y ambos nacen de un estero. El ancho del río y sus orillas, como ayer; muchos raigones clavados en el fondo y nada más particular. El cielo estaba muy toldado, y no se pudo tomar la altura meridiana del Sol. A la una y 15 minutos nos largamos: a las 2 horas 15 minutos dejamos a la banda del Sur una pequeña laguna, o desaguadero; a las 3 horas 34 minutos dejamos a la banda del Norte una boca por donde antes corría el río, y en su inmediación otra por donde salían las aguas; a las 4 horas 17 minutos paramos en el puerto de don Ignacio Rojas.

El río sigue dando muchas vueltas, y con muchos raigones en que continuamente envestíamos. La barranca, como queda dicho, algunas playas de arena muy cortas, y en pocos parajes, pajonal sobre la barranca. En algunas partes no pagaría de 25 varas la distancia de orilla a orilla, y en otras llegaría a 40. En dicho puerto demarcamos la estancia de don Ignacio Rojas al Sur 14° Este, distancia un cuarto de legua.

Mes de septiembre

Septiembre

Día 1.º A las 6 horas 39 minutos nos largamos, estando el tiempo con mucha apariencia de llover; a las 3 horas 29 minutos dejamos la madre principal del río, y seguimos por un reventadero, de 12 a 15 varas de ancho, por donde corrían las aguas con bastante rapidez: a las 8 horas 32 minutos entramos en la madre principal del río. A las 9 horas 5 minutos la volvimos a dejar, y navegamos otro reventadero en el que hallamos muchos raigones que nos dieron bastante trabajo para desenredarnos de ellos. A las 9 horas 13 minutos caímos a la madre del río; a las 9 horas 55 minutos dejamos a la banda del Sur la boca del río Arequita, que tiene su nacimiento en un estero en medio campo; a las 10 horas 13 minutos paramos.

El tiempo se compuso, y habiendo rectificado el instrumento hallé el cero en los 300° 28 minutos 10 segundos; observé 51° 57 minutos 10 segundos de altura meridiana del Sol, la que dio 26° 46 minutos 37 segundos 9 de latitud, atmósfera clara. Hallamos el reloj 25 minutos atrasado.

A la 1 nos largamos: a la 1 54 minutos dejamos a la banda del Sur una laguna de corta extensión, que por sus orillas barrancosas, más bien parecía arroyo; a las 2 horas 29 minutos dejamos por la misma banda otro pequeño arroyo; a las 3 horas 40 minutos dejamos por la propia banda una boca que abrieron las aguas, y en ella corrían más que en la madre principal; a las 3 horas 51 minutos dejamos la correspondiente; a las 4 horas 8 minutos empezó a llover; a las 4 horas 10 minutos dejamos por la banda del Sur un pequeño arroyo; a las 4 horas 40 minutos dejamos otro arroyuelo por la banda del Norte, a cuya hora dejó de llover, habiendo caído una fuerte manga de piedra y mucha agua; a las 5 horas 42 minutos, porque ya no veíamos, paramos.

Las orillas del río y todo lo demás, igual a los días anteriores.

Día 2. Amaneció lloviendo y tronando tempestuosamente, con un furioso ventarrón que casi arrancaba los cueros de que llevábamos hecha una pequeña carroza para el resguardo del Sol y de las aguas. Así pasamos toda la noche con la mayor penalidad, enteramente mojados, unos encima de otros, y aguardando por instantes que las canoas se llenasen de agua, de la mucha que sin cesar caía de las nubes. El viento cesaba a ratos, y los mosquitos nos molestaban sin tener medio de librarnos de ellos: continuó así hasta las 10, que por haber amainado un poco, pudimos encender fuego a costa de no poco trabajo para secar nuestra ropa. El tiempo se mantuvo sin darnos esperanza de poder observar, y a las 12 horas 22 minutos nos largamos: a las 2 dejamos por la banda del Norte un pequeño arroyuelo; a las 3 horas 29 minutos dejamos por la misma banda otro más considerable; a las 4 horas 45 minutos dejamos por la banda del Sur una pequeña laguna; a las 5 horas 10 minutos, por la misma banda, otra mayor; a las 5 horas 35 minutos dejamos por la banda del Norte la boca del río Piraporarú que manifiesta ser de bastante caudal, debiendo resultar esto de lo crecido que lo vimos. Demarcamos su curso al Este, y notamos que tendría de ancho, en donde se junta con el que navegamos, como 50 varas: a las 5 horas 54 minutos dejamos por la propia banda una pequeña laguna y a las 6 paramos.

Hasta la confluencia del Piraporarú navegamos en los mismos términos que los días anteriores, sin notar ninguna diferencia en las orillas del río; pero luego que se junta con el

Piraporarú su caudal es mayor, las vueltas algo más separadas, las barrancas no tan elevadas, no descubriéndose, como antes, tantas playas de arena; y su ancho en algunas partes sería como de 70 varas.

Día 3. A las 6 horas 20 minutos nos largamos, con buen tiempo, aunque fresco. A las 6 horas 55 minutos dejamos por la banda del Sur una pequeña laguna; a las 6 horas 59 minutos demarcamos lo más elevado del cerro de Santa María de Fe, al Sur 49° Oeste; a las 7 horas 21 minutos dejamos por la banda del Sur otra laguna; a las 7 horas 30 minutos dejamos por la banda del Norte otra lagunita; a las 7 horas 55 minutos demarqué lo más elevado del cerro de Santa Rosa al Sur 11° Oeste; a las 8 horas 20 minutos dejamos por la banda del Sur otra lagunita; a las 9 horas 7 minutos dejamos por la del Norte otra; a las 9 horas 13 minutos dejamos por la misma banda un pequeño arroyo; a las 9 horas 25 minutos dejamos por la banda del Sur una laguna como las anteriores; a las 9 horas 30 minutos, no llevando más andar que el de la corriente, echamos la corredera y andábamos una milla y 6 brazas; a las 9 horas 58 minutos dejamos por la banda del Norte otra pequeña laguna; a las 10 horas 25 minutos dejamos la principal madre del río, y entramos por un brazo del mismo, dejando en su inmediación por la banda del Norte un pequeño arroyo; a las 10 horas 40 minutos demarcamos lo más elevado del cerro de Santa Rosa al Sur 8° Este, y a la misma hora entramos en la madre del río; a las 10 horas 44 minutos demarcamos lo más elevado del cerro de Santa María de Fe al Sur 25° Oeste; a las 11 dejamos por la banda del Norte la boca de un reventadero, y poco después la correspondiente, por donde salían las aguas; a las 11 paramos.

El cielo, aunque con nubarrones, estaba bueno, y desde luego pensamos en tomar la altura meridiana del Sol, para lo que rectificamos el instrumento, cuyo cero le hallé en los 300° 28 minutos 10 segundos, y observó 55° 45 minutos 30 segundos de altura del Sol, que dio 26° 42 minutos 26 segundos 5 de latitud, atmósfera clara.

A la 1 nos largamos; a la 1 hora 18 minutos dejamos por la banda del Sur una pequeña laguna; a las 2 horas 40 minutos demarqué lo más elevado del cerro de Santa María de Fe, al Sur 12° Oeste, y el de Santa Rosa al Sur 14° Este; a las 3 horas 24 minutos dejamos a la banda del Sur una boca del mismo río; a las 3 horas 35 minutos dejamos por la banda del Norte un pequeño arroyuelo; a las 3 horas 57 minutos dejamos por la misma banda otra boca como la anterior, y después otra correspondiente a la primera; a las 4 horas 8 minutos dejamos por la banda del Norte la correspondiente a la segunda; a las 4 horas 38 minutos llegamos al paso de Santa Rosa, en donde el río se extiende más, y en su inmediación hay unas piedras que solo se ven cuando el río está muy bajo: desde dicho paso al pueblo de Santa Rosa se computan 4 leguas. A las 5 horas 53 minutos paramos.

La barranca más elevada no pasaría de 2 y media varas; el río le hallamos muy limpio de raigones en su medianía; su ancho como de 70 varas, sin salir de su cauce. En algunos parajes notamos anegadizos y desaguaderos de varios malezales, y las vueltas no tan frecuentes como antes, extendiéndose las canchas mucho más, respecto lo navegado anteriormente, pues hasta 16 minutos seguimos a un rumbo.

Día 4. A las 6 horas 35 minutos nos largamos con el tiempo nublado, habiendo llovido parte de la noche, pero sin causarnos mayor incomodidad, porque la lluvia fijé sin viento. A las 7 horas 49 minutos llegamos a la confluencia de los dos Tebicuarys-guazú y miní: la boca de este, que estaba crecido, tendrá como 60 varas de ancho, y se demarcó al Norte 15° Este. A las 7 horas 54 minutos, dejamos por la banda del Norte un pequeño arroyo; a las 8 horas 14 minutos dejamos por la banda del Sur una boca que corresponde a este río; y a las 8 horas 43 minutos dejamos su correspondiente. A las 8 horas 51 minutos demarcamos lo más elevado del cerro de Santa María de Fe, al Sur 10° 30 minutos Este. A las 9 horas 14 minutos dejamos por la banda del Sur una laguna; a las 9 horas 17 minutos dejamos por la banda del Norte un arroyo que no tiene nombre. A las 11 horas pasamos por un paraje donde hay piedras en el fondo que nunca se descubren, y la barranca de la parte del Norte se compone de ellas; a las 11 horas 53 minutos paramos en la banda del Sur, frente de una restinga de piedras.

No se tomó la altura meridiana del Sol, porque sobre haber llovido toda la mañana a mediodía estaba todo cerrado.

A la 1 hora 30 minutos nos largamos; a las 2 dejamos por la banda del Norte un reventadero, que internando medio cuarto de legua forma una laguna; a las 2 horas 17 minutos dejamos por la banda del Sur un arroyo que no tiene nombre; a las 3 horas 3 minutos dejamos por la banda del Norte otro; a las 3 horas 9 minutos dejamos otro a la banda del Sur, y a la misma dejamos a las 3 horas 30 minutos una boca del mismo río y a las 3 horas 35 minutos paramos estando lloviendo.

Graduamos que lo más ancho del río navegado este día, llegaría como a 120 varas, y lo más estrecho no pasaría de 60; limpio de raigones todo el cauce, las barrancas como de 2 y media varas las más elevadas; conociéndose bien, que cuando el río está crecido las cubre, e inunda los campos inmediatos. En varios parajes se veían desaguaderos y anegadizos de los mares cercanos, sin embargo de que ya descubrimos, a una y otra banda del río, terrenos firmes propios para ganados, y no tierras bajas y pantanosas como las inmediatas al río navegado en los anteriores días.

Día 5. A las 6 horas 50 minutos, habiendo aclarado algo, nos largamos con alguna niebla: a las 6 horas 53 minutos dejamos por la banda del Norte un arroyo poco considerable; a las 7 horas 7 minutos dejamos por la banda del Sur otro algo mayor; a las 7 horas 21 minutos dejamos otro por la banda del Norte, y a las 7 horas 30 minutos, por la misma, dejamos el Mbuyapey, por el que bajan a este río jangadas de trozos, de a dos y de tres, para formarlas mayores en el río en que estamos. A las 8 horas 21 minutos dejamos por la misma banda un arroyo; a las 8 horas 56 minutos dejamos una laguna a la banda del Sur, y seguidamente a la del Norte dos piedras grandes que cuando está el río bajo se descubren. A las 9 horas 22 minutos dejamos por la banda del Sur una boca que corresponde a este río. A las 9 horas 32 minutos dejamos por la banda del Norte el arroyo Yaguary que viene cortando el campo, y no deja de ser de algún caudal cuando entra en este río.

A las 9 horas 45 minutos dejamos por la banda del Sur la boca correspondiente a la anterior; a las 9 horas 59 minutos dejamos por la banda del Norte una laguna, como las anteriores; a las 10 horas paramos en el paso llamado Mburicaci, muy inmediato a la estancia de don José Antonio Cabañas, que está sobre la misma barranca.

No se pudo observar la altura meridiana del Sol, porque estuvo toda la mañana lloviendo, ni pudimos demarcar los cerros de Quiquió y Tatuquá por la mucha cerrazón.

A la 1 hora 45 minutos nos largamos; a la 1 hora 54 minutos dejamos por la banda del Norte un arroyo que se forma, por unos bañados no muy lejos; a las 2 horas 39 minutos empezamos a costear una pequeña isla, y a los 2 minutos ya la dejamos por la batida del Sur; a la propia banda dejamos, a las 2 horas 54 minutos, un arroyo que no tiene nombre; a las 3 horas 16 minutos dejamos por la banda del Norte una laguna que llaman Iberá; a las 3 horas 34 minutos empezamos a costear otra isla, y a las 3 horas 42 minutos la dejamos por la banda del Sur; a las 3 horas 51 minutos paramos en el paso de Santa María de Fe, en donde tomamos una res y algunos carneros para continuar nuestro viaje; porque el charque que sacamos del pasto de Yuty, y el poco bizcocho que embarcamos, fue preciso echarlo al agua, por haberse podrido. A las 4 horas 35 minutos nos largamos; a las 4 horas 49 minutos empezamos a costear una isla que dejamos por la banda del Sur a las 4 horas 54 minutos. A las 5 horas 6 minutos demarcamos lo más elevado del cerro de San Fernando al Sur 62° 30 minutos Oeste. A las 5 horas 22 minutos dejamos por la banda del Norte un arroyo, y a las 6 horas 17 minutos paramos.

Encontramos el río tan ancho como ayer, las barrancas tan elevadas; en algunas partes se ven limpias de árboles y ramazón, y solo hay sobre ellas pajonal; también vimos algunas playas de arena, y varios anegadizos y desaguaderos. Los campos de una y otra banda hermosos, poblados de ganados, bastantes lomas y algunos cerrezuelos de poca altura.

Día 6. Amaneció cubierto todo de una espesa niebla, por cuya razón nos largamos a las 7 horas 21 minutos; a las 7 horas 26 minutos dejamos por la banda del Sur un arroyo, y una pequeña isla a las 8 horas 5 minutos; a las 3 horas 25 minutos dejamos por la banda del Norte un arroyo; a las 11 horas 3 minutos pasamos por un arrecife de piedras, en donde sondamos nueve cuartas de agua, y cuando el río está bajo apenas tiene una descubriéndose muchas piedras de banda a banda. Este arrecife procede de un cerrezuelo que hay a la banda del Norte Este; a las 12 horas paramos, no habiendo podido observar la altura meridiana del Sol, porque toda la mañana estuvo nublado.

A las 2 horas nos largamos; a las 3 horas 3 minutos dejamos por la banda del Norte un pequeño arroyo; a las 4 horas 13 minutos dejamos otro por la banda del Sur; a las 5 horas 14 minutos dejamos por la banda del Norte una laguna, y a las 5 horas 51 minutos paramos porque no se veía.

Las barrancas, y todo lo demás enteramente como ayer, continuando los anegadizos y desaguaderos, procedidos de la creciente del río. Los campos no tan buenos por ser más bajos.

Día 7. A las 6 horas 20 minutos nos largamos; a las 7 horas 34 minutos dejamos por la banda del Sur el arroyo Aguaray, que tiene su origen en unos malezales inmediatos; a las 9 horas 35 minutos paramos, porque el viento arreció tanto por el Norte que las canoas en las canchas que corren Norte Sur embarcaban bastante agua. No pudimos observar la altura meridiana del Sol, porque estaba nublado. Habiendo abonanzado algo el viento, nos largamos a las 12 horas 37 minutos; a las 2 horas 7 minutos dejamos por la banda del

Norte una laguna; a las 3 horas 31 minutos dejamos otra por la del 8, y a las 5 50 minutos paramos.

Hallamos el río más ancho que ayer, pues en partes llegaría como a 200 varas, siendo por lo común de 150 a 200. Las barrancas como los días anteriores, sin ninguna diferencia, con varios anegadizos y desaguaderos.

Día 8. A las 6 horas 20 minutos nos largamos, habiendo sufrido casi toda la noche continuas tormentas de truenos, vientos y agua, de la que no pudimos preservarnos de ningún modo por la suma incomodidad y falta de abrigo de la balsa. A las 7 horas 53 minutos dejamos por la banda del Norte una laguna; a las 10 horas 19 minutos dejamos otra por la banda del Sur, y a las 10 horas 49 minutos dejamos otra por la misma banda; a las 11 horas dejamos a medio río, una pequeña isla de sauces, y a las 11 horas paramos.

No pudimos observar la altura meridiana del Sol, por estar todo nublado.

A la 1 hora 52 minutos nos largamos; a las 2 horas 7 minutos dejamos por la banda del Sur una boca que corresponde a este río, y a las 4 horas 17 minutos dejamos su correspondiente. A las 4 horas 55 minutos demarcamos lo más elevado de la serranía de Montiel al Norte 63° Este; a las 5 horas 45 minutos dejamos por la banda del Sur una laguna; a las 6 horas 8 minutos dejamos a medio río una pequeña isla de sauces que la creciente tenía anegada, y a las 6 horas 10 minutos paramos.

El ancho del río, lo mismo que ayer, las barrancas, lo propio; muchos anegadizos llenos de sauces y otros árboles; los campos todos bajos.

Día 9. A las 6 horas 15 minutos nos largamos; a las 6 horas 36 minutos dejamos por la banda del Sur la boca de un brazo de este río, por donde igualmente se navega. A las 6 horas 40 minutos nos hallábamos frente de la boca del río Negro, la cual se demarcó al Este: es como de 20 varas de ancho, y parece que su curso sigue al Norte. Dicen tiene su origen en un gran estero que no está muy lejos; que le llaman el Estero Bellaco.

A las 7 horas 3 minutos dejamos por la banda del Norte una laguna; a las 7 horas 14 minutos dejamos la boca correspondiente a la anterior; a las 7 horas 40 minutos dejamos la madre principal del río, y seguimos por un brazo bastante ancho, por donde el viento no nos incomodaba tanto; a las 8 horas 5 minutos demarqué lo más elevado de la serranía de Montiel al Norte 66° Este; a las 8 horas 59 minutos entramos en la madre del río; a las 9 horas 23 minutos empezamos a costear una isla que dejamos, a las 9 horas 26 minutos, toda inundada con la creciente del río; a las 10 horas 13 minutos dejamos por la banda del Sur una laguna algo considerable, y a las 11 horas 35 minutos paramos junto a una estancia.

Rectificado el instrumento, hallé el cero en los 300° 23 minutos 20 segundos, y observé 53° 16 minutos 45 segundos de altura meridiana del Sol, que dio 26° 26 minutos 14 segundos, 9 de latitud, atmósfera clara.

A las 12 horas 45 minutos nos largamos sin haber comido ni tomado nada en toda la mañana, porque la carne se había acabado, y dos carneros que nos quedaron estaban tan flacos que no se podían comer. En la estancia inmediata nada se encontró, y así nos fue forzoso ir en busca de otra en donde pudiésemos matar una res; a la 1 hora 30 minutos empezamos a costear una isla de sauces, que dejamos a los 5 minutos. A las

3 horas 30 minutos dejamos por la banda del Norte la boca de una laguna y a las 3 horas 33 minutos paramos próximos a una estancia, en donde se compró un buen novillo, y nos quedamos aquí para que todos comiesen con descanso.

Todo el día vimos el río fuera de madre; todos los campos inundados, sin duda de la creciente del río Paraguay, que debe contener las aguas que bajan; pues advertimos que la corriente era mucho menor que los días anteriores. En muy pocos parajes se veía barranca, y esta de muy poca elevación: sin embargo notamos que el álveo del río sería tan ancho como ayer.

Día 10. A las 6 horas 40 minutos nos largamos; a las 8 horas 3 minutos dejamos por la banda del Sur una laguna. A las 9 horas 40 minutos dejamos por la misma banda otra; a las 10 horas 40 minutos, otra, y por la del Norte un arroyo que tiene comunicación con el río, aunque esta solo con canoa se puede verificar. A las 11 horas 19 minutos perdimos la madre del río, y nos fue preciso navegar fuera de ella por que la inundación era tan considerable que por todos lados cubría mucho campo, y por algunos llegaba a formar horizonte, no viéndose más que algunas islas de árboles; esto no nos hubiera impedido seguir por la madre del río si la marejada que cansaba el viento recio del Sur Este no lo hubiera estorbado, precisándonos a presentarle popa, único medio de conseguir no embarcasen agua las canoas. Aun en tiempo que el río no está tan crecido, se extiende bastante en este paraje que llaman la Laguna Cané; pero cuando está bajo, las orillas de una y otra banda son barrancosas.

A las 11 horas 32 minutos entramos en la madre del río, que se podía conocer por una calle que forman los árboles de sus orillas, en donde continuamos sin sentir el viento, que poco antes nos había incomodado tanto, y no veíamos tierra en donde poder atracar para observar la altura meridiana del Sol. A las 11 horas 55 minutos dejamos por la banda del Norte una laguna, que nos dijo el práctico conserva bastante agua cuando el río está bajo, que se equivoca con él cuando se está algo distante de ella. A las 12 horas 3 minutos entramos por un reventadero, porque el viento nos estorbó continuar por la madre del río. A las 12 horas 12 minutos nos amarramos a un árbol: así comimos un pedazo de carne asada, admirando que en cuanto alcanzaba la vista, no se veía un palmo de tierra por ningún lado, solo parecían los árboles y en algunas partes blanqueaba el agua sobre el pajonal. A la 1 horas 54 minutos nos largamos. A las 2 horas 7 minutos salimos de la madre del río, y continuamos en ella hasta las 2 horas 35 minutos, que fue preciso amarrarnos a un árbol por el mucho viento que causaba bastante marejada capaz de anegar las canoas. A las 4 horas 57 minutos habiendo abonanzado algo el viento, nos largamos y paramos a las 6 horas 35 minutos, amarrándonos a un árbol.

Aunque la inundación era tan considerable, como se ha dicho, asegurándonos el práctico no haber visto otra igual durante el tiempo que ha que navega en este río, no dejamos de inferir que la madre del río, en algunos parajes que se conocía, tendría sobre 300 varas de ancho en donde más, no bajando, en donde menos, de 200; la corriente era tan poca que apenas se conocía, y en los árboles se notaba haber bajado el río como una tercia.

Día 11. A las 6 horas 10 minutos nos largamos; a las 7 horas 48 minutos empezamos a costear una lista de árboles que, cuando está el río bajo, es una isla; y a las 7 horas la dejamos por la banda del Norte, descubriendo en la misma una barranca de corta extensión de una cuarta de altura. A las 7 horas 53 minutos dejamos por la banda del Sur una laguna, que cuando el río está bajo conserva copia de agua; a las 8 horas 39 minutos dejamos en la misma banda un riacho que no tiene nombre; a las 8 horas 46 minutos sobre la misma barranca, en la propia banda del Sur, dejamos la estancia de Yedros. Esta barranca es tan alta que aun descubría como 2 varas y media; a las 9 paramos en la estancia de Espínola, situada sobre la barranca en la banda del Norte. A las 9 horas 13 minutos nos largamos; a las 10 horas 23 minutos empezamos a costear una barranca que en partes descubría como 3 y media varas de elevación, y a las 10 horas 54 minutos paramos en el extremo de dicha barranca.

Rectificado el instrumento, se halló el cero en los 300° 29 minutos 22 segundos 5; altura meridiana del Sol 58° 53 minutos 31 segundos 25, que dio de latitud 26° 35 minutos 18 segundos 15; atmósfera clara.

A las 12 horas 45 minutos nos largamos en busca de la boca del río, y a las 2 horas 9 minutos llegamos a ella; todo el campo estaba inundado, sin verse más tierra que la barranca, donde observamos el agua estaba enteramente parada, y graduamos el ancho del río como ayer. Todo el día navegamos sin ver más tierra que las barrancas que van mencionadas. Como ya quedaba concluida la navegación del río, se determinó pasar a la estancia de Yedros para tratar con su capataz acerca de conducir a los indios al pueblo, de San Ignacioguazú. En efecto, a las 5 horas 20 minutos llegamos a dicha estancia, habiendo cortado por la inundación, y desde luego convino dicho capataz en que por las canoas conduciría a los indios, al citado pueblo, a cuyo administrador se le escribió para que les facilitase los auxilios necesarios para conducirse al pueblo de Yuty. A las 5 horas 35 minutos llegamos a la estancia de Espínola, en donde encontramos al capataz y peones que sacamos de la Asunción, que con otra caballada había nueve días que nos aguardaban.

Tan miserable y desdichada es esta estancia, que sin embargo de la indecible incomodidad de la balsa, determinamos ir a dormir a ella, con todo que el viento era tan recio que de ningún modo pudimos conseguir un mediano abrigo, y pasamos la noche como se puede inferir.

Día 12. Salimos de la estancia de Espínola como a las 8 horas de la mañana, caminamos continuamente por bañados pantanosos dando muchas vueltas, sin que nos fuese posible tener cuenta con el rumbo, ni menos calcular la distancia, porque el reloj estaba sin vidrio, y no era posible llevarlo en la faltriquera. Cuando conceptuamos que era preciso mudar caballos, paramos en la costa de una isla de árboles; allí comimos un pedazo de carne seca asada, y luego que hubimos mudado, montamos sin dilación siguiendo nuestro camino como antes, por bañados y pantanos, cubiertos de pajonal y espartillo, tierra negra, y muchas islas de árboles que casi se juntan; sufriendo la terrible molestia que nos causaba la prodigiosa multitud de tábanos, mosquitos y jejenes de que estaban aquellos campos cubiertos. Llevamos el río Paraguay gran trecho a la vista, y solo en donde sus orillas forman barranca, que es en muy pocas partes, tuvimos el camino regular; en lo demás la inundación todo lo tenía anegado, y por los árboles se conocía que había bajado más de una tercia. Media hora después de puesto el Sol, llegamos a la chácara del comandante de la población de Remolinos, graduando haber andado de 12 a 13 leguas.

Hasta muy cerca de dicha chácara, en donde encontramos una barraca de uno de los pobladores de Remolinos, no se encuentra estancia ni población alguna: solo la Guardia de la Herradura está como a 3 leguas de Tebicuary, sobre la barranca del río Paraguay, cuya mala situación para la inundación tenía a la gente reducida a estar en una canoa. Los caballos llegaron tan maltratados que causaba no poca compasión ver como echaban sangre de las muñecas que tenían todas desolladas; uno quedó cansado en el camino, y se encomendó al comandante de Remolinos su cuidado.

Día 13. Como a las 8 y media de la mañana montamos a caballo, y desde luego empezamos a pasar dilatados bañados pantanosos, sin embargo que no omitimos descabezar los principales que aun para los estancieros eran intransitables. Pasamos uno tan considerable, que sobre tener las malas circunstancias que van referidas, llegaba el agua una tercia más arriba de la barriga del caballo, y era preciso tener un sumo cuidado en no perder la canal, porque al perderla se hubiera seguido caer indefectiblemente. Continuamos así cortando los campos, dando muchas vueltas por entre palmares; todo tierra negra, cubierta de pajonal y espartillo, hasta que llegamos a una chácara de un vecino de Remolinos, en donde se mudó el carguero y nos detuvimos largo rato aguardando se aprontara un soldado de Remolinos que nos guiase hasta ponernos en paraje que no tuviésemos mayor riesgo de pernos. Salimos de dicha chácara considerando haber desde ella a la del comandante de Remolinos de 3 a 4 leguas, y seguimos como antes por entre difíciles y largos bañados pantanosos, por entre palmares, sin encontrar ninguna población; hasta que a las 2 de la tarde, poco más o menos, llegamos a la estancia del doctor Almada, distante de la primera salida 6 y media a 7 leguas. El comandante de Remolinos nos acompañó como 4 leguas, en las que dejamos una mula cansada.

La horrorosa abundancia de tábanos y demás sabandijas que producen aquellos dilatados pantanos tenían el ganado de las estancias arremolinado con la cara al viento, para conseguir algún descanso y no padecer con tanto rigor los crueles picotazos de tan feroces insectos.

Como el Sol calentaba mucho, y era preciso comer y descansar algo, nos detuvimos hasta poco antes de ponerse el Sol, que salimos con la mira de aprovechar la Luna, y proporcionar por este medio a los caballos el caminar con menos fatiga. Un peón de dicha estancia nos acompañó un corto trecho, hasta pasar dos acequiones de mucho peligro. El primero lo pasamos con fortuna porque nadie cayó, aunque sus orillas barrancosas y la mucha agua que tenía, ofrecían no muy buena suerte; el segundo era lo mismo, más arriba una cuarta de la barriga del caballo llegaba el agua, y, cuando más, tendrían 3 varas de ancho. Todos pasamos bien, a excepción de don Martín Boneo, que por no lastimarse las piernas contra la barranca, largó los estribos, y en un resbalón que dio su caballo no pudo afianzarse, y cayó en tierra al otro lado del zanjón, sin lastimarse nada, porque el caballo no se movió. Al instante montó, y empezamos a caminar por entre espinillares con no poco trabajo; estuvimos muy a pique de perdernos, y atravesamos pantanos horrorosos y bañados dilatados, cubiertos de pajonal, viendo muchas islas de árboles. En pocas partes lográbamos buen camino, siendo lo más tierra negra con capas de blanquecina. Dejamos algunas estancias en el camino, y por último llegamos a la de don Luis Baldovinos a las 10 y media de la noche, habiendo andado 7 leguas por terrenos muy horizontales, sin que hubiese sido posible tener cuenta con el rumbo, ni menos evitar el que quedasen en el camino dos mulas cansadas que dejamos encargadas a aquellos estancieros.

Día 14. Salimos de la estancia de Baldovinos como a las 7 y media de la mañana, y después de haber andado 2 leguas por entre palmares, descabezando bañados y pantanos, como los de ayer, y cortando otros en que casi se nadaba, llegamos a una estancia en donde se mudó el carguero, y luego nos dirigimos a descabezar el arroyo Saladillo, que formándose en aquellas inmediaciones de unos bañados, desagua en el río Paraguay. Verificado esto por terrenos como los anteriores, cubiertos en partes de pajonal y en otras de pasto y espartillo con capas de tierra blanquecina, en donde no se manifestaba negra, llegamos a las 2 leguas al arroyo Paray que nace de unas lagunas, a 3 leguas del paso que, como el anterior, desagua en el Paraguay. Hallamos este arroyo muy crecido, cuyas aguas detenidas con la creciente del citado río no causaban mucho trabajo a los caballos al pasarlo; nosotros lo hicimos en una regular canoa, y en poco más de una hora nos vimos todos en la banda opuesta. Caminamos sin cesar por entre árboles, bastantes islas de estos a la vista, muchos bañados pantanosos, terrenos horizontales, la mayor parte tierra negra con capas de blanquecina y buenos pastos para los ganados que allí se mantienen de las estancias inmediatas. Caminamos largo trecho por un llano, llevando a la vista por la mano derecha las serranías de Acay, Ariguaguazú y Paraguari, la primera más elevada que las otras dos. Entre 3 y 4 de la tarde llegamos a la estancia que llaman del rey. Yo llegué tan cansado que no era ponderación decir que no es posible llegarme a cansar más; 9 leguas medidas fueron las andadas por caminos tortuosos, aunque a mí me pareció más lo caminado, bien que esto pudo haber procedido del mucho cansancio, y este del mucho Sol que sufrimos, y de lo penoso que es transitar por bañados pantanosos. La caballada llegó una hora después, habiendo quedado dos caballos en el camino, y otro llegó en estado de no poder continuar.

Puesto el Sol, salimos de la estancia del rey, y luego pasamos el arroyo Suruví, que se forma de bañados y desagua en el Paraguay; tenía unas palmas atravesadas y por ellas pasamos, y con algún trabajo, los equipajes; los caballos lo pasaron a nado, y sin detenernos empezamos a caminar por terrenos como los anteriores; muchos espinillos, bañados dilatados pantanosos, dando muchas vueltas para salvar otros peores. Después de haber andado así como 2 leguas y media, y pasado por despedida uno considerable, salimos al valle de Cumbarity, hermoso, por las suaves lomas que lo forman, unas con árboles y otras sin ellos, buenos pastos, tierra negra en partes, y en otras arena, y bien poblado de ranchos. Después de haber caminado 3 leguas por tan hermosos terrenos, llegamos a las 10 y media de la noche a la chácara de don Luis Baldovinos, vecino de la Asunción, habiendo pasado antes el arroyo Abay, que tenía poca agua, y sus orillas montuosas; nace de aquellas cercanías y, como los anteriores, desagua en el Paraguay.

A las 8 de la mañana salimos de casa de Baldovinos, y a poco rato después, del valle de Cuiribarity, y entramos en un monte agradable; caminamos por él, no mucho después salimos a un campichuelo, y luego pasamos otro monte de naranjos y otros árboles; salimos al pequeño valle que llaman de la Frontera, bien poblado de ranchos, cuyas gentes se dedican al cultivo de la caña, maíz, mandioca y otros frutos que produce bien el terreno, que por lo común es arena y tierra colorada; poco después mudamos caballos, y se despachó la caballada al paraje llamado el Campo Grande, para que desde allí en tiempo oportuno pasase a su estancia. Continuamos nosotros por entre montes deliciosos, dando algunas vueltas por caminos que las aguas han hecho zanjosos y profundos, cuyos lados perpendiculares eran de arena mineral rojiza, el piso de la misma, suelto, algo incomodo; a una y otra banda veíamos chacaritas y pequeñas lomas agradables. A las 12 llegamos a la Asunción, habiendo caminado en esta jornada 6 leguas.

Libros a la carta

A la carta es un servicio especializado para
empresas,
librerías,
bibliotecas,
editoriales
y centros de enseñanza;
y permite confeccionar libros que, por su formato y concepción, sirven a los propósitos más específicos de estas instituciones.

Las empresas nos encargan ediciones personalizadas para marketing editorial o para regalos institucionales. Y los interesados solicitan, a título personal, ediciones antiguas, o no disponibles en el mercado; y las acompañan con notas y comentarios críticos.

Las ediciones tienen como apoyo un libro de estilo con todo tipo de referencias sobre los criterios de tratamiento tipográfico aplicados a nuestros libros que puede ser consultado en Linkgua-ediciones.com.

Linkgua edita por encargo diferentes versiones de una misma obra con distintos tratamientos ortotipográficos (actualizaciones de carácter divulgativo de un clásico, o versiones estrictamente fieles a la edición original de referencia).

Este servicio de ediciones a la carta le permitirá, si usted se dedica a la enseñanza, tener una forma de hacer pública su interpretación de un texto y, sobre una versión digitalizada «base», usted podrá introducir interpretaciones del texto fuente. Es un tópico que los profesores denuncien en clase los desmanes de una edición, o vayan comentando errores de interpretación de un texto y esta es una solución útil a esa necesidad del mundo académico.

Asimismo publicamos de manera sistemática, en un mismo catálogo, tesis doctorales y actas de congresos académicos, que son distribuidas a través de nuestra Web.

El servicio de «libros a la carta» funciona de dos formas.

1. Tenemos un fondo de libros digitalizados que usted puede personalizar en tiradas de al menos cinco ejemplares. Estas personalizaciones pueden ser de todo tipo: añadir notas de clase para uso de un grupo de estudiantes, introducir logos corporativos para uso con fines de marketing empresarial, etc. etc.

2. Buscamos libros descatalogados de otras editoriales y los reeditamos en tiradas cortas a petición de un cliente.

* 9 7 8 8 4 9 0 0 7 3 4 6 9 *